Quando tudo se cala

Coleção Cultura Bíblica

- *A religião dos primeiros cristãos: uma teoria do cristianismo primitivo* – Gerd Theissen
- *As origens do cristianismo* – Justin Taylor
- *As origens: um estudo de Gênesis 1–11* – Heinrich Krauss e Max Küchler
- *História social do Antigo Israel* – Rainer Kessler
- *Jesus e Paulo: vidas paralelas* – Jerome Murphy-O'Connor
- *Jesus, hebreu da Galileia: pesquisa histórica* – Giuseppe Barbaglio
- *Mensagem urgente de Jesus para hoje: o Reino de Deus no Evangelho de Marcos* – Elliot C. Maloney
- *Quando tudo se cala: o silêncio na Bíblia* – Silvio José Báez
- *Um caminho através do sofrimento: o livro de Jó* – Ludger Schwienhorst-Schönberger

SILVIO JOSÉ BÁEZ

Quando tudo se cala

O silêncio na Bíblia

Prefácio de Pietro Bovati

Dados Internacionais de Catalogação na Publicação (CIP)
(Câmara Brasileira do Livro, SP, Brasil)

Báez, Silvio José
　　Quando tudo se cala : o silêncio na Bíblia / Silvio José Báez ; prefácio de Pietro Bovati ; [tradução Jaime A. Clasen]. -- São Paulo : Paulinas, 2010. -- (Coleção cultura bíblica)

　　Título original : Quando tutto tace : il silenzio nella Bibbia.
　　ISBN 978-88-308-0879-9 (Ed. original)
　　ISBN 978-85-356-2681-0

　　1. Silêncio - Aspectos religiosos - Cristianismo　2. Silêncio na Bíblia　I. Bovati, Pietro. II. Título.　III. Série.

10-06873　　　　　　　　　　　　　　　　　　　　　　　　　　　　　　CDD-248.47

Índice para catálogo sistemático:

1. Silêncio na Bíblia : Cristianismo　　248.47

Título original: *Quando tutto tace: il silenzio nella Bibbia*
© Cittadella Editrice, Assisi, 2007.

1ª edição – 2011
1ª reimpressão – 2012

Direção-geral: *Flávia Reginatto*
Editores responsáveis: *Vera Ivanise Bombonatto*
Matthias Grenzer
Tradução: *Jaime A. Clasen*
Copidesque: *Amália Ursi*
Coordenação de revisão: *Marina Mendonça*
Revisão: *Leonilda Menossi e Mônica Elaine G. S. da Costa*
Direção de arte: *Irma Cipriani*
Assistente de arte: *Sandra Braga*
Gerente de produção: *Felício Calegaro Neto*
Capa: *Wilson Teodoro Garcia*
Editoração eletrônica: *Caio D'Agostini*

Nenhuma parte desta obra poderá ser reproduzida ou transmitida por qualquer forma e/ou qualquer meios (eletrônico ou mecânico, incluindo fotocópia e gravação) ou arquivada em qualquer sistema ou banco de dados sem permissão escrita da Editora. Direitos reservados.

Paulinas
Rua Dona Inácia Uchoa, 62
04110-020 — São Paulo — SP (Brasil)
Tel.: (11) 2125-3500
http://www.paulinas.org.br
editora@paulinas.com.br
Telemarketing e SAC: 0800-7010081
© Pia Sociedade Filhas de São Paulo — São Paulo, 2010

A única linguagem que Deus escuta
é a do amor silencioso.
São João da Cruz

PREFÁCIO

A Sagrada Escritura é um livro de riqueza inaudita. O seu segredo é saber entrar em diálogo com o homem, interrogando as suas experiências mais íntimas, sustentando o seu desejo, inspirando projetos e decisões. Geração após geração, os crentes mataram a sede nessa fonte; e hoje, mais do que nunca, num mundo perdido e tagarela, o leitor da Bíblia se sente guiado na sua busca do sentido, na sua ânsia por verdade e por justiça.

A Bíblia promove a sabedoria

A sabedoria sublime da Sagrada Escritura se revela em plenitude ao estimular ouvintes que se tornam intérpretes. A escuta da Palavra de Deus se realiza, de fato, quando o trabalho interior do Verbo gera pessoas capazes de testemunhar, com fidelidade e coragem, o mistério indizível de Deus. As escolas bíblicas, com o aperfeiçoamento de métodos sempre mais adequados, criam técnicos da exegese, hábeis em destrinchar problemas filológicos, nas complexas questões históricas e literárias do texto; mas é o Espírito de sabedoria, como dom íntimo feito ao crente, que guia a inteligência e o coração, de modo que o homem se torne intérprete autêntico da voz de Deus. A verdadeira interpretação supõe, de fato, uma experiência coerente de vida, um amor grande pela Palavra de Deus e um amor igualmente grande pelos homens.

Faz anos que vi, em âmbito universitário, a gênese deste livro, que tenho a honra de apresentar. Ele é oferecido ao leitor como fruto maduro de um diálogo prolongado com a Sagrada Escritura, como obra de um biblista que, experimentado nas técnicas exegéticas, registra mais que os resultados de uma pesquisa científica. Revela-nos, com efeito, as suas experiências de vida, o seu mundo espiritual impregnado de sabedoria. Convidado a falar, em diferentes locais e a vários tipos de pessoas, da sua pesquisa, Silvio José Báez construiu passo a passo um caminho que se apresenta nas mais variadas manifestações da consciência humana, seguindo as indicações da Escritura, também daquelas mais difíceis e exigentes. O percurso traçado reserva ao leitor muitas e felizes surpresas; o espírito se torna mais sereno e, ao mesmo tempo, é estimulado pela leitura.

Um livro sobre o silêncio

Um verdadeiro silêncio nunca foi escrito. Quantas vezes ouvimos essa frase proverbial, como comentário de palavras inúteis. Deixemos de lado a ironia. A Sagrada Escritura, livro silencioso para meditar em silêncio, nos fala de Deus e nos fala do silêncio; exatamente esse motivo temático, importante e fecundo, é habilmente desenvolvido neste livro, de uma maneira pedagógica e envolvente.

A temática do silêncio é, certamente, assaz cara ao autor, que pertence à Ordem Carmelita, e dessa tradição religiosa assumiu a vocação e o espírito. Mas essa mesma temática é percebida como significativa, até como essencial, também pelo homem contemporâneo, que intui facilmente que a caminhada interior é inseparável da experiência do silêncio e por isso busca refúgio e cura do ruído mundano em algum oásis de paz. A montanha é para muitos o símbolo privilegiado, uma espécie de lugar ideal onde o espírito pode saborear "silêncios sobre-humanos e quietude profundíssima". Cansados pela superposição cacofônica das vozes, atordoados pelo clamor insensato, muitos aspiram avidamente a um repouso do ouvido e do coração. E ao buscar o silêncio, inconscientemente talvez, vão para cima, para Deus. Portanto, além de uma adesão explícita a um projeto de fé, este livro indica o itinerário para a montanha santa, onde voz e silêncio encontram a sua união vital.

> E como o vento
> ouço sussurrar, entre estas plantas,
> aquele infinito silêncio a esta voz
> vou comparando.

Nas colinas da sua terra, Leopardi escuta o som do vento entre as folhas das árvores. Não é um rumor, é uma "voz" que evoca "o eterno, e as estações mortas, e a presente e viva, e o som dela". A voz se alimenta do silêncio.

Em hebraico existe um termo único (*qôl*) para indicar o evento sonoro, que é ao mesmo tempo rumor, som, voz, canto; mas a tradição bíblica é mestra em discernir e decifrar os sons, bem como em perceber o seu valor justo. Como fazia o poeta de Recanati, a Escritura ensina a "comparar" e a reconhecer, nos sons, a voz, sobretudo a voz do "silêncio infinito" no qual se revela a verdade plena de Deus.

> A voz do Senhor sobre as águas [...]
> A voz do Senhor na força,
> a voz do Senhor no poder.
> A voz do Senhor quebra os cedros (Sl 29,3-5).

Identificar a voz de Deus com o trovão é totalmente insuficiente; mas perceber no fragor poderoso do céu o timbre único da Voz sem som, isso é acontecimento do espírito, é experiência do coração que verdadeiramente sabe escutar.

Celebrar o silêncio

De um livro de um carmelita se espera naturalmente uma exaltação do silêncio e um convite, tranquilo mas premente, a assumi-lo na prática de uma vida sempre mais sábia, sempre mais religiosa. A experiência paradigmática que então é proposta é a de Elias, segundo o relato belíssimo de 1Rs 19,9-18, comentado por nosso autor numa seção central (capítulo "O silêncio dos ídolos"), mas sobre o pano de fundo de muitas reflexões suas ao longo de toda a obra. Ao fugitivo, cansado e desanimado, escondido na caverna do monte, o Senhor se revela de modo novo, inaudito. O profeta cobre o rosto com o manto, para significar a sua profunda reverência diante do Mistério. Aí não há o estrondo espantoso do terremoto, nem as labaredas de fogo crepitantes e ameaçadoras que tinham marcado a experiência originária do Sinai, quando todo o povo da aliança pôde constatar a presença do Senhor e escutar a sua voz aterrorizante (Ex 19,18-19; 20,20-21). Agora, porém, é sublinhado o retiro na solidão do homem de Deus e a sua extraordinária capacidade de captar, com ouvido finíssimo, o murmúrio imperceptível de uma brisa leve, ou melhor – como traduz e comenta o autor desta monografia – de ouvir admiravelmente a "voz de um silêncio sutil".

Nesse caso, como em todos aqueles que idealmente se referem a ele, o que importa não é a materialidade da experiência. Seria um procedimento impróprio e inútil tentar descrever o que realmente foi ouvido por Elias, assim como seria errado pensar que basta fazer uma experiência qualquer de silêncio para entrar na escuta de Deus. No monte santo, o profeta não ouviu apenas o "silêncio sutil", mas principalmente, tendo-o ouvido, esteve em condições de receber as palavras de Deus, que o chamavam à sua tarefa profética ("Então uma voz lhe falou: 'o que estás fazendo aqui, Elias?'", v. 13). O silêncio, portanto, não é o conteúdo principal da escuta, e sim o ambiente, ou, talvez melhor, a matriz na qual se comunica a Palavra. E a Palavra de Deus se dá desse modo porque o silêncio não está no ar, mas na condição emotiva e espiritual da consciência; o silêncio é a condição do coração puro, é como o aposento nupcial no qual o esposo virginal entra, é como o terreno lavrado no qual a semente germina, é como a luz muito brilhante que permite ver o rosto amado.

O silêncio é bom, é sábio, quando dispõe à escuta. E isso certamente acontece na oração, que não é primariamente uma "atividade" humana, mas é pura recepção de Deus e do seu doar-se. O grito de quem invoca, como a exultante celebração de quem louva, exprimem o aspecto ritual da oração, aquele que o crente assume na ousada presunção de conhecer e alcançar a pessoa divina. Mas o núcleo autêntico da oração consiste em dispor-se, sem imagens e sem respostas prefixadas, sem palavras e sem pretensões, a receber o que Deus diz e recebê-lo como ele o diz. Porque isso dá vida. E isso, na novidade e particularidade absolutas de um momento histórico, para o qual todo o passado cessa, em fé pura, como bagagem inútil, deixando que a iniciativa livre e surpreendente do Senhor encha o silêncio da expectativa.

Vista nessa perspectiva, a experiência de Elias no monte não é diferente da experiência de Jó, a cujo livro o nosso autor dedica igual atenção (capítulo "O silêncio diante do mistério"). De fato, a oração é suprema manifestação sapiencial, porque testemunha a radical situação de criatura do homem; e é suprema justiça porque dá a Deus o direito da última palavra. Confessando, no coração, que é como o vazio informe (*tōhû wābōhû*) das origens (Gn 1,2), o filho de Adão pode receber, com temor e tremor, a palavra que cria a história e a faz florescer.

O silêncio é bom, ou seja, sábio, quando, por outro lado, prepara para falar (Eclo 20,6-7). O silêncio que Elias ouviu no monte permite que ele de fato escute Deus e se torne profeta. O silêncio não emudece, mas, se é autêntico, se é o caminho sapiencial para o encontro, leva consigo uma admirável vitalidade, uma qualidade divina da existência. A criança aprende a falar repetindo as palavras dos outros; ela só conhece o que escuta. Assim se dá com o profeta. Quanto mais se torna capaz de assumir a condição de quem não ouviu ou não ouve nenhuma palavra deste mundo, mais será capaz de ouvir a inaudita fala interior, a voz nova e não separada que revela a verdade e prospecta um futuro impossível de imaginar. É no silêncio das origens que nasce o profeta; ele mesmo é uma nova criação, e ao mundo dá testemunho de que a Palavra germina desde sempre no eterno Silêncio.

O drama do silêncio

Seria, aliás, totalmente parcial e infiel ao texto bíblico adotar de modo exclusivo a vertente celebrativa do silêncio. Realmente, como diz o autor mais de uma vez, o silêncio é "ambíguo"; talvez fosse mais exato dizer que é polivalente, como todas as experiências humanas, também as mais sublimes. E isso significa que o silêncio tem também um aspecto tenebroso, inquietante, negativo. O silêncio dá medo. Todos nós já nos sentimos mais de uma vez incomodados com o mutismo exasperado e violento de pessoas queridas; conhecemos o drama privado de quem espera em vão uma palavra de aprovação e de benevolência e, em âmbito público, percebemos como insuportável o fenômeno da conspiração de silêncio, a censura que oculta a verdade, a ausência culpada da voz profética. E todos nós sabemos o que é a chamada paz de cemitério. O silêncio é solidão, vazio, sinal de morte. Exatamente por essa razão, o homem moderno, talvez mais que no passado, exorciza o lado escuro do silêncio com uma invasão capilar de sons, de músicas e de conversa fiada. A aparência da vida, ainda que enganosa, parece em todo caso melhor do que o simples nada ou um desolador velório.

A própria Escritura diz que o silêncio é ausência. Um indício dessa afirmação está no fato de que em hebraico se encontram alguns termos totalmente equivalentes àqueles que em nossas línguas exprimem diretamente o fenômeno do silêncio ou do mutismo; mas eles ocorrem raramente. O uso linguístico de longa duração mais frequentemente encontrado na Bíblia é o de evocar o silêncio como falta de som, de voz, de música, de vida. "Não se ouvia nenhum barulho" (1Rs 6,7), "cessará a voz do júbilo e da alegria, a voz do noivo e da noiva" (Jr 7,34), "lá não havia ninguém, nem se ouvia voz humana" (2Rs 7,10): é assim que a Bíblia fala do silêncio.

A ausência em geral exprime uma privação, uma carência penosa. No entanto, não é um barulho qualquer que enche o vazio, mas o som familiar, reconhecido como sinal de uma presença amiga. O "mudo jardim solitário" que não ecoa mais a alegre algazarra da criança, a casa vazia em que se cala a mó (Jr 25,10), as harpas penduradas nos salgueiros (Sl 137,2) são símbolos representativos da morte. O primeiro capítulo desta monografia trata amplamente disso.

Entre todos os sons, o mais desejado e, portanto, o mais dolorosamente sofrido pela sua ausência, é o da voz amada:

> Pomba minha, nas fendas da rocha,
> no esconderijo escarpado,
> mostra-me teu rosto, deixa-me ouvir a tua voz!
> Porque tua voz é suave e teu rosto, encantador (Ct 2,14).

Se não há voz, cujo timbre inconfundível identifica a pessoa, falta a relação amorosa, termina o diálogo, extingue-se a vida em comunhão. A solidão se torna isolamento; e o homem, diante do silêncio da voz amada, sente-se morrer; nem seu rosto nem sua voz têm sentido se, diante dele, não houver um rosto semelhante ao seu, se, à sua voz, não fizer eco uma voz de resposta amorosa. E aqui se compreende por que o silêncio, além de ser sintoma de morte, é também emblema do inferno, na medida em que revela, em quem experimenta o silêncio, um desejo negado, uma expectativa iludida, uma abertura ao outro não satisfeita e desprezada.

O silêncio de Deus

O inferno, no sentido pleno da palavra, se realiza lá onde falta a voz de Deus; o inferno, o "reino do silêncio" (Sl 94,17), ocorre quando Deus não responde. Nesse momento o Criador, com o seu silêncio, assemelha-se à "pedra muda" (Hab 2,19), ao ídolo que tem aparência de vivente, mas na realidade não pode fazer nada, porque não existe, porque é uma simples invenção e construção do homem. Quem é escarnecido não é o idólatra que estultamente e em vão reza diante de um simulacro; ao contrário, é o crente no "verdadeiro" Deus que ouve repetir, com ironia: "Onde está o teu Deus?" (Sl 42,4.11; Jl 2,17). Aquele que no passado tinha celebrado os louvores do Deus Criador, que tudo fez com o sopro da sua boca (Gn 1,1–2,4; Sl 33,6; 148,5), aquele que tinha invocado, no Espírito, a vinda do seu Senhor, recebendo a resposta consoladora: "Sim, eu venho em breve" (Ap 22,20), se sente enganado, não apenas desconcertado por tanta contradição, mas profundamente amargurado por ter dado crédito a uma realidade ilusória: "Tu és para mim como um córrego intermitente, com águas inconstantes" (Jr 15,18).

O Criador se cala onde se manifestam os sintomas da morte, onde a vida se apaga para sempre. O povo de Israel fez essa experiência, de maneira emblemática, no momento do exílio, quando a sua invocação não obtém resposta (Is 59, 2; Jr 11,11; Ez 8,18; Mq 3,4); e todo homem prova os mesmos sentimentos quando se encontra em situações análogas, tanto sob a cruz de Cristo como diante do fracasso da própria vida. Então há alguém que tenta falar no lugar do Criador, que tenta "justificar" Deus, como fizeram os amigos de Jó, com discursos aparentemente piedosos, mas de fato não respeitosos nem do sofrimento humano, nem da natureza incompreensível de Deus, envolto num mistério tal que impõe um silêncio obrigatório. É realmente assombroso que também o profeta, o homem da Palavra de Deus, emudece diante da morte, como acontece com Ezequiel (Ez 3,26), como fez Habacuc, sentinela atenta em expectativa de uma nova visão (Hab 2,1), como foi predito sobre o cordeiro mudo conduzido ao matadouro (Is 53,7; At 8,32). "É bom – escreve o autor das Lamentações – esperar em silêncio a salvação do Senhor" (Lm 3,27); por isso o salmista convida: "Fica em silêncio diante do Senhor e espera nele" (Sl 37,7).

A teodiceia, com as suas certezas serenas, com as suas afirmações seguras sobre a bondade e a providência de Deus na história do homem, se revela totalmente insatisfatória diante do silêncio da morte. Nesse momento de nada serve uma boa formulação doutrinal, não é suficiente, para serenar o espírito, a resignada sabedoria do fatalista. Ao silêncio de Deus, no acontecimento mortal, corresponde então o silêncio do homem, que pode ser sinal de extravio impotente, mas pode se tornar também caminho, abertura para uma revelação mais perfeita.

O silêncio ativo do homem

O calar-se de Deus se torna o convite mais forte, voltado para a criatura humana, a abandonar as palavras vazias, as palavras tranquilas, para entrar numa escuta mais profunda. De fato, talvez não seja verdade que Deus se cala totalmente, talvez seja mais verdadeiro dizer que Deus fala de modo diferente, e que a sua Voz exige ouvidos mais atentos, corações mais disponíveis. Se o movimento harmônico dos astros no céu é uma voz sem som (Sl 19,2-5), assim se pode supor que a história, dramaticamente perturbadora, tem um som divino, que, se for escutado, abre para horizontes inauditos de sentido. Certamente, exige-se uma vigilância paciente, uma espera que não pretende respostas imediatas, que sabe que não pode ter satisfação com uma receita válida de uma vez por todas.

Tendo abandonado a atitude de desconfiança, Jó põe a mão na boca e se cala. Ele que tinha acusado Deus porque "de mil palavras a nenhuma responde" (Jó 9,3), humildemente declara: "Já falei uma vez, nada mais digo; duas vezes, nada acrescentarei" (Jó 40,5). A reverência, que a tradição bíblica chama de "temor de Deus", se exprime no calar para acolher o silêncio de Deus e, nele, uma Palavra nova, além de toda palavra conhecida. Não se trata de aceitar simplesmente o indizível e o incompreensível da existência humana como se fosse um mar no qual é doce naufragar (como dizia Leopardi); a Escritura nos faz entrar sem medo no grande silêncio de Deus, no sábado santo, não para morrer aí, mas para escutar a Voz do esposo que chama "Maria" (Jo 20,16), para ouvir admirados a palavra do anjo que proclama o triunfo da vida sobre a morte (Mt 28,5-6), para ouvir o Senhor que diz: "não temais" (28,10), "eu estou convosco todos os dias, até o fim do mundo" (28,20). Do silêncio pascal brota a Palavra da ressurreição; desse grande silêncio germina a palavra da consolação, a nova profecia da esperança universal, o "canto novo" (Ap 5,9) que ninguém pode compreender senão os remidos no sangue do Cordeiro (Ap 14,3).

Este livro nos guia de modo correto a amar a "voz do sutil silêncio" de Deus, de modo a viver o seu mistério e celebrar com reconhecimento a sua dimensão salvífica.

Pietro Bovati

INTRODUÇÃO

Na Bíblia, o conceito de *palavra* é tão fundamental – quer referindo-se à ação criadora e libertadora de Deus, quer à capacidade do homem de entrar em relação com o seu Criador e com os próprios semelhantes – que pode ser considerado elemento essencial da revelação bíblica. O silêncio, no entanto, como manifestação humana de milhares lapidações e metáfora da transcendência e da ação de Deus na história, está intimamente relacionado com a palavra.

O silêncio é um fenômeno complexo e dificilmente definível.[1] A ciência linguística moderna pôs em evidência que ele não pode ser identificado com a mera ausência de sons ou com o vazio de comunicação. Ele é um verdadeiro "sinal" no âmbito das relações inter-humanas, um sinal de caráter ambíguo, mas carregado de sentido. É um elemento fundamental do processo comunicativo e uma manifestação essencial da experiência religiosa. Numa perspectiva teológica, o silêncio é também uma rica metáfora do ser e do agir de Deus que se revela através da Palavra que o manifesta e do Silêncio que o esconde.[2]

---

[1] Cf. Picard, M. *Die Welt des Schweigens*. Erlenbach-Zürich: Rentsch, 1948. [Trad. italiana. *Il mondo del silenzio*. Sotto il monte (BG): Servitium, 1996.] Baldini, M. & Zucal, S. (ed.). *Le forme del silenzio e della parola*. Atti del convegno "Il silenzio e la parola" tenuto a Trento il 15-17 ottobre 1987. Brescia: Morcelliana, 1989. Castilla del Pino, C. (ed.). *El silencio*. Madrid: Alianza, 1992. García Barriuso, P. *El silencio. Análisis y estructura*. Burgos: Monte Carmelo, 2004. Polla-Mattiot, N. *Riscoprire il silenzio. Arte, musica, poesia, natura fra ascolto e comunicazione*. Milano: Baldini Castoldi Dalai, 2004.

[2] Cf. Forte, B. *Teologia della storia. Saggio sulla rivelazione, l'inizio e il compimento*. Milano: San Paolo, 1991, Simbolica Ecclesiale 7, pp. 63-73; 85-92. Na teologia, todavia, o silêncio, como categoria constitutiva do discurso teológico e da experiência da fé, não ocupa ainda um lugar de destaque suficientemente significativo. Sergio Quinzio, de fato, observa que "enquanto no pensamento 'religioso' ou com fundo religioso o tema do silêncio é pouco tratado [...], como se a impaciência da esperança religiosa impelisse para a Palavra que se espera que aflore do silêncio, no pensamento 'leigo' o silêncio ocupa, ao contrário, um grande papel: o não crente habita de

O silêncio interessou, sobretudo, à espiritualidade, que o considerou sempre um meio privilegiado para o encontro com Deus. No entanto, desde o século passado tornou-se também assunto importante no âmbito das ciências humanas, enquanto se deve reconhecer que no campo da exegese e da teologia bíblica, de modo diferente da palavra, o silêncio não suscitou o mesmo interesse, nem se tornou objeto de reflexão sistemática. Ainda conservam toda a sua validade as palavras que o estudioso judeu André Neher escreveu na década de 1970: "Ninguém ainda estabeleceu a relação orgânica entre estes dois temas, a saber: o do silêncio e o da Bíblia. Os historiadores da mística ou os fenomenólogos do silêncio operam em numerosos registros, exceto o da Bíblia, que sem dúvida lhes parece acessório ou anódino. Quanto aos historiadores da Bíblia, nenhum deles teve a ideia ou a audácia de isolar o silêncio e de estudá-lo por si mesmo. Nas suas pesquisas o silêncio é apenas um epifenômeno da palavra".[3]

Por minha vez, em 1999 realizei uma pesquisa sobre o tema do silêncio nos livros hebraicos da Bíblia como dissertação para a obtenção do doutorado em teologia bíblica na Pontifícia Universidade Gregoriana de Roma.[4] Tratou-se substancialmente de um estudo exegético-teológico de caráter sincrônico,[5] baseado numa análise acurada do léxico hebraico

---

fato estavelmente aquém da Palavra cuja manifestação o crente espera" (QUINZIO, S. "Silenzio e parola nella cultura ebraica contemporanea". In: BALDINI, M. & ZUCAL, S. *Le forme del silenzio e dela parola*, p. 285).

[3] NEHRER, A. *L'exil de la parole. Du silence biblique au silence d'Auschwitz*. Paris: Editions du Seuil, 1970, p. 9. [Trad. italiana: *L'esilio della parola. Dal silenzio biblico al silenzio d'Auschwitz*. Genova: 1991, p. 20.]

[4] A dissertação, publicada integralmente, tem este título: BÁEZ, S. J. *Tiempo de callar y tiempo de hablar. El silencio en la Biblia Hebrea*. Roma: Teresianum, 2000.

[5] Sem tirar nada da validade e da importância da abordagem histórico-crítica, no caso particular da nossa pesquisa, a história da terminologia hebraica e o estudo diacrônico da formação dos textos estudados são praticamente irrelevantes para a compreensão do conceito do silêncio. É razoável pensar que ao longo dos séculos se tenha conservado a mesma terminologia para exprimir um conceito e uma experiência essencialmente invariáveis. Por outro lado, as tentativas para estabelecer a história de uma determinada palavra ou reconstruir com precisão a pré-história de um texto estão comumente baseadas em dados hipotéticos e incertos. Sobre essa temática, cf. ALONSO SCHÖKEL, L. "Hermeneutical Problems of a Literary Study of the Bible". In: *Vetus Testamentum Supplements*, n. 28, Leiden: Brill, 1975, pp. 1-15; SAWYER, J. F. A. *Semantics in Biblical Research. New Methods of Defining Hebrew Words for Salvation*". Studies in Biblical Theology. London: SCM, 1972; BARR, J. "Semitic Philology

e no estudo de diversos textos bíblicos nos quais o silêncio ocorre como elemento significativo. Na época, a minha pesquisa constituiu uma verdadeira novidade no campo bíblico, pois não existia nenhum estudo lexicográfico e exegético sobre o fenômeno do silêncio, considerado em todas as suas manifestações e contextos na Bíblia Hebraica.[6]

Entretanto, pude apresentar as conclusões da minha pesquisa e compartilhar a riqueza teológica e espiritual em diversas ocasiões: desde salas universitárias a grupos de estudo e de reflexão bíblica, em âmbito acadêmico e pastoral, em diversos países da Europa e da América Latina. Pude captar o interesse e o fascínio que o tema suscita e, hoje em dia, vejo que ele não apenas pode tornar-se um verdadeiro critério de leitura de toda a mensagem bíblica, mas ilumina de modo surpreendente a experiência da fé. Pois bem, exatamente porque fui sempre mais solicitado por ouvintes atentos e interessados, que me pediam uma versão menos técnica da minha pesquisa doutoral, decidi escrever este livro destinado a um público que não estivesse limitado a especialistas. Reduzi ao essencial as referências bibliográficas e as citações bíblicas nas línguas originais, remetendo à minha dissertação para uma análise lexicográfica mais aprofundada e uma bibliografia mais completa. No entanto, este livro não é simplesmente uma versão reduzida da minha tese doutoral, mas todo o material foi colocado e organizado de maneira diversa, não mais segundo a terminologia hebraica, mas em capítulos temáticos de caráter teológico e espiritual. Alguns capítulos são inteiramente novos, fruto da reflexão, do ensinamento e do trabalho pastoral destes últimos anos, como o capítulo sobre a oração e o capítulo sobre o Novo Testamento.

---

and the Interpretation of the Old Testament". In: ANDERSON, G. W. (ed.). *Tradition and Interpretation*. Oxford: Clarendon, 1979, pp. 61-63.

[6] Entre os estudos mais significativos sobre a temática do silêncio na Bíblia, além da obra supracitada de A. Neher, embora se trate sempre de abordagens parciais, indicamos: DEVESCOVI, U. "I silenzi di Jahvé". *Rivista Biblica*, n. 10, 1962, pp. 226-239; STIGLMAIR, A. "Parola e silenzio nell'Antico Testamento". In: BALDINI, M. & ZUCAL, S. (ed.). *Le forme del silenzio*, pp. 315-329; ZANI, L. "Interrogativi sul silenzio nel Nuovo Tetamento". Ibidem, pp. 347-351; KUNZ, C. E. *Schweigen und Geist. Biblische und patristische Studien zu einer Spiritualität des Schweigens*. Freiburg: Herder, 1996, pp. 66-182; BORRADO, P. "El silencio en el Antiguo Testamento. Aproximación a un símbolo ambiguo". *Estudios Bíblicos*, n. 55, 1997, pp. 5-27; TORRESAN, P. "DUMAH". *Rivista di ascetica e mistica*, n. 4, 2003, pp. 661-679.

Habituado a discursos que sempre e de qualquer modo elogiam o silêncio, o leitor pode ficar surpreso pelo fato de neste livro não se falar apenas do valor do silêncio, mas de, em alguns capítulos se destacarem as suas dimensões negativas e mortais. No entanto, essa é a perspectiva bíblica. Na Bíblia, o silêncio é apresentado como realidade eminentemente ambígua. Em muitos textos, também ele tem uma conotação fortemente negativa: o silêncio da morte, o mutismo dos ídolos, a rejeição ou o ato violento de calar o outro. Na perspectiva bíblica, o silêncio adquire um valor positivo e humanizante apenas quando, como movimento interior que brota diante do desconhecido, predispõe a captar o mistério da alteridade, quando favorece a comunhão, quando é expressão de abertura e de acolhida do outro e, sobretudo, do Outro.

No livro se enfrenta a temática seja do silêncio humano, seja do silêncio divino, como conceitos básicos e significativos da mensagem bíblica. A revelação divina é, de fato, um processo que ocorreu dentro da experiência humana, a qual se tornou experiência de Deus. A revelação se dá apenas dentro da experiência humana, trama entretecida de silêncios e de palavras. Ademais, o Deus bíblico não é apenas palavra, linguagem, evidência. É também ocultação e ausência. O silêncio é uma prerrogativa própria da pessoa humana, para quem atribuir a ação de calar Deus é uma operação metafórica e antropomórfica que indica a transcendência divina radical e a sua aparente ausência na história ou na vida do indivíduo, percebida e sofrida como realidade paradoxal. Para uma compreensão adequada da história e da mensagem bíblica não se pode, portanto, passar sem a experiência do silêncio do homem e do silêncio de Deus, porque tanto o homem como Deus são sujeitos no diálogo da revelação. Deus, na medida em que é a origem absoluta da existência e do sentido da história e de tudo o que existe; o homem, na medida em que é o interlocutor livre de Deus, como sujeito ético e espiritual.

Os primeiros seis capítulos do livro dizem respeito ao silêncio humano, seja no seu valor negativo – o silêncio em relação à morte (capítulo "O silêncio e a morte") ou o da falta de comunicação (capítulo "Horizontes negativos do silêncio") –, seja no seu valor positivo – o silêncio como expressão de comunhão inter-humana, de sabedoria e de espiritualidade (capítulos "O silêncio, presença e comunhão", "O silêncio e o segredo", "O silêncio diante do mistério" e "Silêncio e oração"). O capítulo "O silêncio dos ídolos", porém, trata de um silêncio absolutamente diferente do silêncio de Deus, que se revela até quando ele retira a sua palavra, e ao qual são dedicados os capítulos "Deus é silêncio", "O silêncio de Deus: oração e profecia" e "O silêncio de Deus: experiência trágica do fim". O capítulo "Deus é silêncio" apresenta o silêncio divino como expressão da transcendência; o capítulo "O silêncio de Deus: oração e profecia", como experiência paradoxal vivida de modo dramático sobretudo pelo orante e pelo profeta; e o capítulo "O silêncio de Deus: experiência trágica do fim", como imagem do fim e do inapelável juízo divino. O capítulo "O silêncio se torna palavra", enfim, oferece uma síntese da temática do silêncio do Novo Testamento, como *mystērion* escondido desde a eternidade e manifestado em Cristo Jesus, Filho eterno e Palavra definitiva do Pai.

Neste livro, os textos bíblicos são citados segundo a tradução da Bíblia de Jerusalém. Em italiano, o autor usa a tradução da CEI, mas, às vezes, propõe uma tradução literal do texto original. O tradutor segue o autor. Agradeço cordialmente, enfim, Lina Nicoletti, que com grande amor, competência e sensibilidade espiritual reviu o manuscrito.

Faço votos que este livro possa mostrar que a verdadeira sabedoria não está no falar, nem simplesmente no calar, mas sempre e de qualquer modo no empenho em transformar este mundo com a força do amor: "Ainda que eu falasse línguas, as dos homens e as dos anjos, se eu não tivesse a caridade, seria como um bronze que soa ou como um tímpano que retine" (1Cor 13,1). Sem a sabedoria fundada no amor, tanto falar como calar são realidades vazias e sem sentido. Sem a sabedoria do amor, corremos o risco de construir, na nossa sociedade, uma nova Babel, na qual dominam os barulhos e a inflação da tecnologia da comunicação, mas fervilham existências sem escuta, sem diálogo e sem contemplação.

A verdadeira sabedoria baseada no amor e na fé é aquela que nos leva a acolher Deus, como mistério de vida e de esperança absoluta, porque "Deus é amor" (1Jo 4,8), tanto quando manifesta a sua palavra como quando se mostra soberano mediante o seu silêncio. Deus não se revela na história necessariamente através de ações notáveis, mas geralmente se faz presente num silêncio que está além de qualquer palavra e que é percebido só na fé, isto é, naquele sim livre do homem diante do silêncio divino. O silêncio de Deus torna o homem livre e determina a purificação das imagens que este continuamente faz dele. Quanto ao discurso religioso, a tensão dialética entre silêncio e palavra, característica da linguagem bíblica sobre Deus, solicita uma teologia que seja coerente com as realidades complexas sobre as quais reflete, que se torne mais sapiencial, uma teologia, enfim, que seja consciente dos limites próprios ao exprimir a transcendência divina.

O ícone supremo dessa sabedoria é Jesus de Nazaré, o Filho de Deus, Palavra que procede do Silêncio, que leva consigo e vive dentro de si o Silêncio e que, enfim, remete ao Silêncio, porque apenas ele é "o caminho, a verdade e a vida" (Jo 14,6).

SILVIO JOSÉ BÁEZ, OCD

O SILÊNCIO E A MORTE

A vida humana na Bíblia não é um simples dado, fato fisiológico ou biológico. Antes ainda, ela é um fato comunicativo. A pessoa existe, em primeiro lugar, porque recebeu a vida como dom da parte de Deus; em segundo lugar, o homem bíblico se sente parte de uma comunidade, vive em relação com o Criador que lhe deu a existência, mas faz parte também de um povo, que tem uma origem comum, uma história e uma vocação. Para a Bíblia, viver é conviver, o existir humano é fundamentalmente comunicar.

A morte é concebida como violência que leva para o fundo da vala (Sl 28,1), do pó (Is 26,19), das trevas (Sl 88,19), do esquecimento (Sl 88,6.13). Ela é imaginada como uma força que arranca da existência e que se manifesta antecipadamente em todas aquelas situações em que se apresenta uma perda de vitalidade, sob a forma de fraqueza, doença, angústia, ameaça dos inimigos ou privação dos próprios direitos. O homem bíblico descobre a presença terrível do poder da morte que invade a existência humana.

No entanto, a razão mais profunda do terror diante da morte é que ela faz com que falte a relação com o Senhor. A morte é experimentada em toda a sua crueza exatamente quando o Senhor se cala. Ao contrário da concepção moderna da morte, que acontece a partir do momento em que acabam os processos biológicos vitais, na Bíblia a morte é experimentada e descrita a partir da relação com o Senhor.

Uma pessoa vive porque é capaz de entrar em relação com Deus e com os seus semelhantes, sobretudo por meio da linguagem. A morte é representada como a entrada num âmbito de silêncio absoluto, no qual não é mais possível falar, escutar, reagir nem entrar em relação com ninguém.[1] Tudo, então, se cala. Faltam não só a palavra e a linguagem, mas também os pensamentos, os desejos, os afetos, as necessidades.

---

[1] Cf. BÁEZ, S. J. *Tiempo de callar y tiempo de hablar*, p. 41.

Não havia voz humana

No relato da morte do filho da sunamita, que tinha hospedado Eliseu em sua casa, o servo do profeta, Giezi, procura fazer o menino voltar à vida pondo sobre ele o bastão de Eliseu, mas tudo é inútil. O narrador explica a incapacidade do menino de reagir com uma frase concisa que soa literalmente em hebraico: "*não tinha voz*, não reagiu". O verbo "reagir" traduz o hebraico *qšb*, que quer dizer prestar atenção, ser consciente. Depois o narrador explica: "não despertou" (2Rs 4,31), "o menino estava morto, estendido sobre a sua cama" (v. 32).

Noutra passagem do segundo livro dos Reis, por ocasião de um assédio dos arameus à cidade da Samaria, quatro leprosos judeus, depois de terem visitado o acampamento do exército inimigo e não terem encontrado ninguém, referem o fato aos guardas da cidade com estas palavras: "Fomos ao acampamento dos arameus; lá não havia ninguém, *não se ouvia voz humana* (*qôl 'ādām*). Havia cavalos e jumentos amarrados e as tendas intatas" (2Rs 7,10). O fato de não ouvir nenhuma voz indica a ausência de vida humana no acampamento.

No primeiro texto é evidente a relação entre a morte e a incapacidade de reagir exatamente por meio da fala. O menino que não fala é um cadáver, agora incapaz de reagir, que por isso não tem os sinais vitais da palavra e da escuta. No segundo texto, o fato de não ouvir nenhuma voz, visto que naquele lugar havia apenas alguns animais, é também um modo de exprimir a ausência de toda expressão de vida humana.

O *dûmâ*

Em alguns textos bíblicos, o lugar dos mortos, o *sheol*, é chamado *dûmâ*, uma palavra hebraica que significa "silêncio", que a versão grega dos LXX traduz por *hades* e a Vulgata por *infernum*. O *dûmâ* é, de algum modo, um inferno, não tanto de fogo quanto de silêncio, de solidão, de isolamento: "Se o Senhor não viesse em meu socorro, em breve eu habitaria no silêncio (*dûmâ*)" (Sl 94,17); "Os mortos já não louvam o Senhor, nem os que descem ao lugar do silêncio (*dûmâ*)" (Sl 115,17).

O termo *dûmâ* revela uma relação estreita entre o silêncio e a morte. Refere-se a um âmbito no qual se habita longe de Deus e dos homens, num estado de extremo abandono e separação. Indica um silêncio duplamente mortal: para o homem não é mais possível a comunicação com os seus semelhantes, dado que permanece imerso num isolamento absoluto, mas o mais dramático é que no *dûmâ* não é mais possível louvar o Senhor: "Entre os mortos ninguém se lembra de ti. Quem nos infernos canta os teus louvores?" (Sl 6,6). "Realizas maravilhas pelos mortos? As sombras se levantam para te louvar? Celebra-se acaso a tua bondade no sepulcro, a tua fidelidade nos infernos?" (Sl 88,11-12).

Em estreita relação com o substantivo *dûmâ* está o adjetivo *dûmām*, que ocorre três vezes na Bíblia: em Hab 2,19 e, com função adverbial, em Is 47,5 e Lm 3,26.

Em Hab 2,19 a expressão "pedra *muda*", em hebraico *'eben dûmām*, designa os "ídolos mudos" (v. 18), radicalmente incapazes do ato da palavra. Em Is 47,5, no contexto de uma lamentação sobre Babilônia, o profeta anuncia a destruição e a morte para a qual ela se encaminha inexoravelmente dizendo: "Senta-te *em silêncio* (*šᵉbî dûmām*) e escorrega na sombra, filha dos caldeus".

Em Lm 3,26, propõe-se à comunidade a atitude adequada diante do acontecimento trágico do exílio: "É bom esperar *em silêncio* (*dûmām*) a salvação do Senhor". O termo *dûmām* exprime tanto a dimensão do sofrimento e do luto como a atitude de confiança do crente diante de Deus. Esperar em silêncio é aceitar a dimensão mortal do exílio, como algo merecido por causa dos próprios pecados, é evitar qualquer discurso altivo e sem sentido religioso diante da punição divina. Desse modo, o castigo adquire um sentido novo e se transforma em lugar de arrependimento e de conversão, que prepara a vinda da salvação de Deus (cf. Lm 2,10). O texto faz alusão a um silêncio confiante na ajuda do Senhor, não como simples resignação e passividade, mas como docilidade e esperança que preparam antecipadamente, no meio do sofrimento e da morte, um renovado encontro com Deus (cf. Lm 3,28).

A relação tão estreita entre o silêncio e a morte demonstra que para a Bíblia nem todos os silêncios são positivos. Estar imersos num silêncio, que separa e distancia dos outros e de Deus e que torna impossível as relações normais entre as pessoas, quer dizer viver na morte. Muitas vezes se cala por medo, porque se quer ignorar o outro, ou então se faz violência aos outros para reduzi-los ao silêncio. Em todos esses casos, e em outros semelhantes, fazemos experiência do *dûmâ*, o lugar do eterno silêncio.

É significativo que na nossa sociedade contemporânea, marcada pela pluralidade ideológica, exista um único rito comum para fazer memória dos defuntos: o minuto de silêncio. Este minuto possui um significado duplo: por um lado, evoca o silêncio dos mortos, mas exprime também o silêncio dos vivos, que não dispõem de nenhuma palavra comum – nenhuma afirmação, nenhuma crença universalmente compartilhada – diante do fato da morte e em comparação com aqueles que atravessaram a última fronteira.[2] O silêncio, no costume do minuto de silêncio, é um modo de entrar em comunhão com os mortos, que não possuem mais o dom da palavra; é, além disso, uma forma de comunicação entre aqueles que continuam a viver e sabem apenas calar-se diante do mistério último da existência.

O silêncio do moinho

Para descrever a ausência de vida humana, na Bíblia se diz, de modo sugestivo, que não se ouve nenhum barulho, ou nenhum instrumento musical.

Entre os objetos prediletos para exprimir o trabalho humano destaca-se o moinho; quando não se ouve mais o seu ruído peculiar, quer dizer que não há ninguém trabalhando. No antigo Oriente Médio, moer os grãos era um trabalho muito difundido, realizado pelos escravos nas grandes casas, ou pelas donas de casa em suas moradias (Ex 11,5; Dt 24,6; Is 47,2; Lm 5,13; etc.). O moinho pertencia à vida doméstica e o barulho que suas pedras produziam durante o dia ao se esfregarem, enquanto trituravam o grão, indicava que uma casa era habitada, que havia gente que trabalhava. Cada dia era preciso preparar a quantidade de farinha necessária para a alimentação e por isso o barulho da mó era ouvido nos lugares habitados, a ponto de ele poder ser considerado um símbolo do trabalho e da atividade humana.

O silêncio do moinho é comparado à falta da música ou do canto, ambos expressão de júbilo, para indicar um tempo de sofrimento e de destruição. O profeta Jeremias, com efeito, anuncia ao povo o exílio, como tempo de extermínio e de morte, dizendo: "Farei cessar entre eles os gritos de júbilo e as vozes de alegria, a voz do noivo e da noiva, o ruído da mó e a luz

---

[2] Cf. FIERRO, A. "La conducta del silencio". In: CASTILLA DEL PINO, C. (ed.). *El silencio*, p. 75.

da lâmpada. Toda essa região será abandonada à destruição e à desolação" (Jr 25,10). Ao silêncio do moinho, símbolo do trabalho cotidiano durante o dia, se compara, por um lado, a falta dos cantos nupciais, que marcam o festejo da vida e da fecundidade e, por outro lado, a lâmpada apagada durante a noite. A destruição mortal que se aproxima é descrita com três imagens fortes: o silêncio do moinho durante o dia, já que não haverá ninguém para utilizá-lo; as trevas da noite, desde o momento em que as casas estarão vazias e ninguém poderá mais acender a lâmpada; e, enfim, a ausência dos cantos que celebram a alegria de viver e de fazer viver. Trevas e silêncio descrevem a situação de desolação e de morte que está por chegar.

No livro do Eclesiastes, num belíssimo poema sobre juventude e velhice (Ecl 12,1-8),[3] ilustra-se o processo do envelhecimento humano com a metáfora de uma casa em declínio, na qual também aqueles que nela moram se tornam sempre mais enfraquecidos (vv. 3-4). O v. 3 descreve os moradores da casa, agora incapazes de desempenhar os respectivos papéis: "No dia em que os guardas da casa tremem e os homens fortes se curvam, em que as mulheres, uma a uma, param de moer, e cai a escuridão sobre as que olham pelas janelas". O v. 4 indica o resultado: "Fecham-se as portas da rua, quando o barulho da mó diminui e se atenua o canto dos pássaros[4] e se enfraquecem todos os tons do canto".

Essa velha casa, que progressivamente entra num profundo silêncio, é uma metáfora da existência humana. A natureza humana, com o passar do tempo, se enfraquece e se deteriora, o homem perde sempre mais as suas capacidades, e a sua vitalidade vem a faltar. Nem se escutam os cantos alegres que vêm da rua, porque as portas e as janelas começam a fechar-se, nem dentro da casa se escuta o barulho do moinho, símbolo do trabalho humano. O silêncio do moinho, que indica no final do dia o término da

---

[3] Cf. GILBERT, M. "La description de la vieillesse en Qohélet XII 1-7 est-elle allégorique?". In: EMERTON, J. (ed.). *Congress volume Vienna*, 1980. *Vetus Testamentum Supplements*, n. 32, Leiden: Brill, 1981, pp. 96-109.

[4] Na tradução deste trecho corrigimos ligeiramente o texto hebraico e, em vez de *wᵉyāqûm lᵉqôl haṣṣipôr* ("se eleva o canto do pássaro"), que faria alusão ao sono leve do velho, lemos *wᵉyiqmal qôl haṣṣipôr* ("se atenuará o canto do pássaro"). Deste modo o v. 4 se torna mais claro e mais coerente com a tríplice metáfora do silêncio. Para uma discussão mais ampla sobre a tradução desse versículo, cf. BÁEZ, S. J. *Tiempo de callar y tiempo de hablar*, pp. 69-70.

faina cotidiana, prefigura outro silêncio, o da morte, quando toda atividade e sonoridade cessarão para sempre.

O silêncio da música e dos cantos

A ausência do som dos instrumentos musicais evoca uma situação de tristeza, de desolação e de morte (Is 24,7-12; Ez 26,13; Sl 137,1-5).

Os instrumentos musicais que permanecem silenciosos, como que dormindo, acompanham o tempo da aflição e da prova; depois que passou o momento da dor, quando se faz a experiência da salvação divina, o orante vive novamente e se volta para a aurora, para a harpa e para a cítara, poeticamente personificadas, convidando-as a se despertarem e a acompanharem o seu canto de louvor: "Eu quero cantar, elevar a ti um hino: desperta, meu coração, despertai, cítara e harpa, vou despertar a aurora" (Sl 57,9; 108,2). O orante se desperta por primeiro, o seu coração toma a iniciativa do louvor de Deus, depois, voltando-se para a sua harpa e a sua cítara, as convida a se despertarem. Por todo o tempo que sofreu, até quando se sentia ameaçado e inseguro, os seus instrumentos de alegria ficaram pendurados no canto escuro da sua casa; não tinham mais emitido nenhuma nota alegre. Agora é tempo de exultar, de alegrar-se e de fazer o cosmo inteiro participar da grandeza e da bondade divinas.[5]

É sugestiva a imagem das cítaras que, durante o exílio, pendem silenciosas nos salgueiros às margens dos canais da Babilônia: "À beira dos rios de Babilônia nos sentávamos e chorávamos com saudades de Sião. Nos salgueiros daquela terra penduramos nossas cítaras" (Sl 137,2). Durante o exílio, como tempo de ausência de Deus e de morte, os instrumentos musicais se calam, o povo permanece em silêncio e se recusa a cantar: "Lá os que nos exilaram pediam canções, nossos opressores queriam alegria: Cantai os cantos de Sião. Como cantar os cantos do Senhor em terra estrangeira?" (Sl 137,3-4). Aqueles cânticos não são simples cantos folclóricos de um povo e de um país; são hinos sagrados, profissões de fé. Para Israel, cantar os hinos do Senhor em terra estrangeira e impura seria profaná-los; mas, sobretudo, seria contraditório cantar e alegrar-se – e alegrar os opressores – num tempo em que Deus se cala de modo dramático. Durante o exílio, os cantos ficam como que sepultados no coração do povo, na expectativa de

---

[5] Cf. CASTELLINO, G. *Il libro dei Salmi*. La Sacra Bibbia. Torino: Marietti, 1955, p. 162.

ressuscitarem quando Sião ressuscitar e no templo se cantar ainda a glória do Senhor.⁶

Os profetas anunciam tempos de aflição e de dor com a metáfora do fim da música e dos cantos. Em Is 5,11-14, por exemplo, o profeta se dirige a um grupo que, obcecado pelo prazer desordenado, faz banquetes suntuosos, nos quais eram abundantes a música e o vinho, e se perdia assim o sentido religioso da vida: "Vão atrás de bebidas inebriantes e à tarde se demoram até que o vinho os aqueça. Há cítaras e harpas, tamborins e flautas, e vinho para os seus banquetes; mas não dão atenção aos feitos do Senhor, não veem a obra das suas mãos" (vv. 11-12). Isaías anuncia o seu fim. Deus não os tolera mais (v. 13). A música e os cantos dos seus festejos serão irremediavelmente devorados pelas fauces do *sheol*, o lugar do silêncio eterno: "Por isso os ínferos dilatam as fauces, abrindo desmedidamente a boca. Para lá descem a sua nobreza, a sua plebe, o tumulto e a alegria da cidade" (v. 14).

Outro texto de Isaías descreve a destruição de uma cidade inteira com estas palavras: "O som alegre dos tambores calou-se, o estrépito das pessoas em festa cessou, cessou o som alegre da cítara" (Is 24,8). Ezequiel proclama um oráculo contra a cidade de Tiro (Ez 26,7-13), descrevendo primeiro a estrepitosa invasão do exército inimigo (vv. 7-12) e, no final, apresenta a cidade destruída, mergulhada em silêncio mortal: "Farei cessar o ruído das tuas canções, e os sons das tuas cítaras já não se ouvirão" (v. 13).

Particularmente significativo é o silêncio que o próprio Deus impõe às celebrações cultuais do povo. Ao falso caminho do homem, que pensa poder alcançar Deus de modo direto e absoluto através do culto, se opõe o verdadeiro caminho revelado por Deus, que passa através da justiça e do direito para com os outros. Os cantos litúrgicos são condenados ao silêncio por Deus, que os rejeita porque aqueles que os entoam não praticam o direito e a justiça: "Afasta de mim o ruído de teus cantos, eu não posso ouvir o som de tuas harpas" (Am 5,23). Em lugar do fluir vão das melodias musicais, Deus deseja que seja feita justiça aos pobres e aos inocentes: "Que o direito corra como a água e a justiça como um rio caudaloso" (Am 5,24).

---

[6] Cf. RAVASI, G. *Il libro dei Salmi. Commento e attualizzazione*, III. Bologna: EDB, 1984, p. 765.

Duas cenas de silêncio e de morte

Merecem ser levadas em consideração duas cenas insólitas do livro de Amós, nas quais se contam duas experiências de destruição, devidas à invasão da cidade da Samaria pelo exército assírio (Am 6,8-11; 8,2-3).

No primeiro texto (Am 6,8-11), faz-se referência exatamente a essa invasão, como consequência do "orgulho" de Jacó (v. 8), ou da altivez e da soberba dos chefes de Israel, que não só oprimiam a classe social mais pobre do país, mas praticavam também uma religião exterior que servia apenas para tranquilizar a sua consciência. Desde o tempo de Amós era anunciada a destruição iminente de toda a cidade da Samaria, capital do reino, como castigo divino. Serão destruídos não só as casas e os edifícios, mas também os seus habitantes. Os poucos que conseguirem fugir da espada do inimigo perecerão pelas mãos dos invasores até dentro das casas onde se refugiarem, a ponto de ser preciso queimar os cadáveres como em tempo de epidemia (vv. 9-10a). Da rua, quem prepara a fogueira perguntará ao que traz os ossos para serem queimados: "Há alguém contigo? O outro responderá: Não. Ele dirá: Quieto, não se deve mencionar o nome do Senhor. Pois eis que o Senhor ordena: o Senhor fará em pedaços a casa grande e a pequena reduzirá em fragmentos" (vv. 10b-11).

O texto pretende descrever o medo dos sobreviventes, que se escondem no fundo das casas e não querem que ninguém saiba. Aqueles que escaparam da catástrofe reduzem a si mesmos ao silêncio, numa espécie de morte que se impõem livremente, exatamente para não cair também eles nas mãos dos inimigos. Aqueles que em sua altivez esqueciam Deus e com a prática da injustiça calavam a sua vontade na vida social, exatamente eles são agora reduzidos ao silêncio. Falam apenas para pedir silêncio. Nem sequer o santo nome do Senhor deve ser pronunciado, já que seria invocar o seu juízo sobre eles e atrair ainda mais desgraça e, certamente, a morte.[7]

A outra passagem, Am 8,2-3, anuncia o fim dramático do reino da Samaria: "Israel, meu povo, está maduro para seu fim" (v. 2). É o fim de uma etapa histórica do povo da Bíblia; terminam no reino do Norte a monarquia e o sacerdócio ligado a determinados santuários, instituições que estavam imersas na hipocrisia religiosa e na distorção do verdadeiro Deus e da sua

---

[7] Cf. BOVATI, P. & MEYNET, R. *Il libro del profeta Amos*. Retorica Biblica 2. Roma: Dehoniane, 1995, pp. 134-238.

vontade e que eram a verdadeira causa da deportação que o povo estava por sofrer. O momento era uma espécie de morte nacional. No v. 3 se descreve o momento culminante do aniquilamento, como entrada no reino da morte e do silêncio: "As cantoras do palácio gemerão naquele dia, oráculo do Senhor Deus. Numerosos serão os cadáveres, lançá-los-ão em todos os lugares. Silêncio!" Os lamentos são provocados pelo espetáculo macabro dos cadáveres espalhados por toda parte, e o silêncio é uma expressão do pavor diante da cena terrível. Esse silêncio está ligado, como em 6,10, à presença dos cadáveres; ordena-se que se faça silêncio não só por respeito aos mortos, mas provavelmente também para significar o temor de Deus, a necessária reverência diante da sua terrível teofania (cf. Hab 2,20; Sf 1,7; Zc 2,17).[8]

As duas cenas fazem referência ao "fim" do reino do Norte: conclui-se uma etapa histórica do povo bíblico, um modo religioso e ético de se relacionar com Deus. Por um lado, o Senhor se revela soberano e senhor da história; por outro, alguma coisa morre, e aquela morte é marcada e envolta pelo silêncio.

O silêncio nos ritos fúnebres e de lamentação

No antigo Israel, durante os ritos fúnebres ou em momentos de lamentação pessoal ou comunitária, era costume observar longos momentos de silêncio.[9] Ficar em silêncio era uma expressão de dor, um modo de ser solidário com o sofrimento do outro, ou de aceitar o próprio sofrimento. Através do silêncio se entrava simbolicamente em contato com o mistério da morte, quando o ser humano não pode mais fazer uso da palavra.

Muito provavelmente um exemplo desses momentos de silêncio se encontra no início da história de Jó, quando os três amigos "se reúnem para compartilhar sua dor e consolá-lo" (Jó 2,11). Depois que o viram quase irreconhecível por causa das suas chagas, depois de terem gritado e chorado, fazem gestos claros de luto e de dor: "cada um rasgou sua roupa e cobriu a cabeça com pó" (v. 12). Esses gestos são vividos em silêncio: "Sentaram-se no chão ao lado dele, sete dias e sete noites, sem dizer-lhe uma palavra,

---

[8] Ibidem, p. 340.
[9] Cf. LOHFINK, N. "Enthielten die im Alten Testament bezeugten Klageriten eine Phase des Schweigens?" *Vetus Testamentum*, n. 12, 1962, pp. 133-142.

vendo como era grande a sua dor" (v. 13). O silêncio deles certamente pode ser explicado como incapacidade de encontrar uma palavra certa diante de tamanha tragédia, mas o gesto tem também um valor simbólico ritual: é uma expressão de proximidade e de solidariedade com uma pessoa que se encontra à beira da morte. Ao não falar, eles próprios, de certa maneira, sofrem com o amigo e entram na morte com ele.

Também nos momentos de calamidades nacionais, entre as quais se destaca a época do exílio, o povo costumava praticar ritos de lamentações, nos quais não faltavam longos momentos de silêncio. "Estão sentados por terra em silêncio os anciões da filha de Sião, cobriram a cabeça de pó, estão cingidos de saco" (Lm 2,10). Esses anciões provavelmente hão de ser identificados com os chefes da comunidade que ofereciam conselhos e palavras sábias (cf. 1Rs 12,6-7),[10] mas que agora, com o seu silêncio, aceitam não saber o que dizer e não ter nenhuma palavra a oferecer: "O seu rei e os seus chefes estão entre os pagãos; não há lei, e seus profetas já não recebem visões do Senhor" (Lm 2,9). O silêncio deles é muito mais eloquente que muitas palavras.

No momento dramático do exílio, que representa não apenas o fim de uma época histórica do povo bíblico, mas o aparente fracasso das promessas divinas e a rejeição e o esquecimento de Israel por parte do seu Deus, o livro das Lamentações descreve a atitude mais apropriada que o povo podia tomar: "Que esteja solitário e silencioso" (Lm 3,28). E acrescenta logo, no v. 29: "Ponha no pó a boca, talvez ainda haja esperança".

"Sentar-se no chão" exprime um gesto de humilhação e de luto, dado que a terra é símbolo daquilo que é baixo, e as cinzas são imagem da mortalidade (cf. Js 7,6; 2Sm 13,31; Ez 26,6; Jó 2,13; etc.); "espalhar pó ou cinzas na cabeça" é um gesto que indica a própria condição de miséria, dado que se entra em contato com um elemento que é sinal de morte (cf. Gn 3,19; Is 26,19; Sl 7,6; 22,16; 103,14; Jó 7,21; etc.); "vestir-se de saco" ou "rasgar a roupa" é um modo de manifestar a dimensão pública da dor e da penitência (2Sm 3,31; 21,10; 2Rs 19,1-2; Jl 1,8; Am 8,10; Est 4,1-4; etc.).

Israel deve humilhar-se e aceitar aquela experiência de morte que é o exílio. Deve renunciar à murmuração e ao protesto e confiar silenciosamente

---

[10] Cf. PROVAN, I. *Lamentations*. New Century Bible. Grand Rapids: Eerdmans, 1991, pp. 69-70.

no seu Deus, pondo nele a sua esperança, sem nenhum mérito de sua parte. Esse silêncio é, ao mesmo tempo, uma experiência de morte e de vida. Nesse silêncio o homem é desfeito e refeito perante Deus. Os anciãos, que representam a totalidade do povo, entram na morte: permanecem imóveis como cadáveres, sentados por terra em contato com o pó. O gesto não tem apenas um caráter fúnebre, mas possui também uma forte dimensão penitencial. Com o seu silêncio, aceitam merecer a morte por causa do pecado e o assumem; ao reconhecer a sua culpa e aceitar a morte do exílio, exprimem a própria fé no Deus da vida no momento do sofrimento.

HORIZONTES NEGATIVOS DO SILÊNCIO

Deus criou o ser humano para a comunhão. O juízo original do Criador sobre a criatura humana constitui, no nosso tempo, um critério mais atual do que nunca: "Não é bom que o homem esteja só" (Gn 2,18). "A pessoa humana, por sua natureza, é feita para o encontro e para o diálogo. O homem é palavra, *palavra interior*, antes de tudo, dita a si mesmo, no silêncio da mente; *palavra dita aos outros*, para chamá-los e comunicar algo de si a eles. É, enfim, *palavra esperada pelos outros*, para se sentirem chamados e ver que participam um pouco deles".[1]

No entanto, nas relações sociais o homem experimenta frequentemente não apenas a dificuldade de comunicar, mas inclusive guarda no seu coração atitudes destrutivas que favorecem a separação dos outros, ou então a exclusão dos outros, e que não poucas vezes exprimem com o não falar. Existem, de fato, silêncios que nascem da indiferença, da amargura, do ódio, do medo. Todas essas atitudes deixam as pessoas muitas vezes sem palavras, bloqueiam a comunicação espontânea com os outros, criam silêncios e aviltam não só as relações humanas, mas também o próprio coração do homem.

Não dirigir a palavra ao outro é a modalidade mais evidente da não comunicação verbal, que, paradoxalmente, tem em si um alto potencial comunicativo. Uma pessoa que não fala com outra pode estar comunicando, por exemplo, desprezo, indiferença, ignorância, culpa. Na realidade, o ser humano sempre se comunica, seja fazendo uso da palavra, seja por meio do silêncio. Há casos em que se fica em silêncio porque uma determinada situação exerce um efeito paralisante, que impede de falar; enfim, há o silêncio imposto, a ação de calar o outro, que frequentemente tem conotações de agressividade.

---

[1] COLOMBERO, G. *Cammino di guarigione interiore. Per abitare meglio se stessi.* Cinisello Balsamo (Mi): San Paolo, 1996, p. 143.

Não cumprimentar no caminho

Eliseu manda seu servo Giezi viajar com o encargo de realizar um gesto que devolveria a vida ao filho da sunamita, que o tinha hospedado com tanto afeto. O profeta envia o seu servo dando-lhe esta ordem: "Cinge teus rins, toma meu bastão na mão e parte! Se encontrares alguém, *não o saúdes*, e se alguém te saudar, *não lhe respondas*. Colocarás meu bastão sobre o rosto do menino" (2Rs 4,29). O verbo que é traduzido por "saudar" é o verbo hebraico *brk*, "bendizer". De modo que as palavras de Eliseu podem ser traduzidas assim: "Se encontrares alguém, não o abençoes; se alguém te abençoar, não lhe respondas".

Comumente, a saudação através da bênção tomava muito tempo, por causa dos repetidos gestos e palavras de cortesia habituais no Oriente. Giezi não tem tempo a perder, deve chegar o mais depressa possível para ressuscitar o menino morto. Exatamente essa urgência explica por que ele não deveria entreter-se no caminho.[2] Certamente, não deverá falar com ninguém, não deverá sequer trocar cumprimentos, mas essa atitude de não comunicação está a serviço de um valor muito maior e muito mais urgente. Também Jesus, quando envia em missão os seus discípulos, diz a eles: "Ide [...] e a ninguém saudeis (*aspázomai*) pelo caminho" (Lc 10,3-4). O discípulo não deve deixar-se distrair da tarefa que lhe foi confiada.

O silêncio que exclui o outro

Há alguns textos em que uma pessoa ou um grupo protesta por não ter sido convocado a participar de uma determinada ação, da qual acha que seria justo ter sido informada ou nela ter sido envolvida.

O protesto dos efraimitas

Apresentamos dois exemplos tirados do livro dos Juízes. Depois que Gedeão derrotou os madianitas sem contar com o apoio dos efraimitas, estes protestaram contra ele: "Que maneira é essa de agir conosco não nos convocando (*qr'*) para combater Madiã?", e o texto acrescenta: "e discutiram violentamente com ele" (Jz 8,1). Gedeão, de fato, havia convocado apenas as tribos de Manassés, de Aser, de Zabulon e de Neftali, as quais

---

[2] Sobre a urgência de partir ou de viajar, cf. Gn 24,56; Tb 10,8-9.

unidas tinham combatido os madianitas (Jz 6,35). Mais adiante é contado que, depois da vitória de Jefté sobre os amonitas, os homens de Efraim vieram a Jefté protestar: "Por que foste combater os amonitas sem nos convidares (*qr'*) a ir contigo?", e o texto acrescenta: "Queimaremos a tua casa e a ti com ela" (Jz 12,1).

Em ambos os casos, primeiro Gedeão e depois Jefté, não chamam Efraim para tomar parte numa guerra contra um inimigo comum. O "silêncio" dos dois juízes, que não convocaram os efraimitas, é interpretado por estes como uma manobra para mantê-los fora de uma ação bélica à qual todas as tribos eram chamadas a participar; eles se ressentem por terem sido postos de lado, sobretudo depois que viram a vitória. Note-se que nos dois casos os efraimitas, que se sentem excluídos, reagem com violência. A razão do protesto provavelmente nasce não apenas de um fato de honra, mas também da cobiça, pois vitórias como aquelas permitiam partilhar de um substancioso butim.

A conspiração de Adonias

Outro exemplo se encontra no relato inicial da sucessão de Davi. O rei está velho, fraco e a ponto de morrer. O primogênito do rei, Amnon, foi assassinado por seu irmão Absalão; este morreu vítima da própria ambição, depois de se ter rebelado contra o seu pai. Por causa da idade, cabe a Adonias, o quarto dos filhos de Davi nascido em Hebron (2Sm 3,4), suceder o pai no seu trono. No entanto, parece que fazia tempo que Davi escolhera Salomão, o filho de Betsabeia, e até prometera isso com juramento à mãe, um juramento que devia ser secreto, partilhado apenas por Betsabeia e Natã (cf. 1Rs 1,13.17). Pois bem, Adonias, que vê o seu direito de sucessão ameaçado, aproveitando-se da situação senil do pai, precipitará os acontecimentos para conquistar o trono antes que seja tarde demais.

Adonias é descrito como um homem "que se vangloria" (1Rs 1,5); quer tornar-se rei a qualquer custo. Certo dia organiza um banquete, no qual mais que proclamar-se formalmente rei, torna público o seu desejo. Do banquete são excluídos Salomão, o profeta Natã e outros homens fiéis ao rei Davi: "Um dia Adonias imolou ovelhas, bois e bezerros cevados [...]. Convidou (*qr'*) todos os seus irmãos, os filhos do rei, e todos os homens de Judá que estavam a serviço do rei, mas não convidou o profeta Natã, nem Banaías, nem os valentes, nem seu irmão Salomão" (1Rs 1,9-10). Adonias exclui claramente aqueles que não estão do seu lado: Salomão, o seu rival ao trono; Natã, profeta de confiança de Davi, e outros homens da corte e soldados fiéis ao rei.

O silêncio de Adonias, que não convida aqueles que são contrários a ele, é rompido por Natã, que o denuncia a Betsabeia: "Não ficaste sabendo que Adonias, filho de Hagit, proclamou-se rei sem que Davi, nosso senhor, o soubesse?" (1Rs 1,11); é rompido por Betsabeia que informa a Davi: "Ora, eis que agora Adonias se tornou rei e tu, senhor meu rei, não sabes disso" (1Rs 1,18); e, enfim, é rompido pelo próprio Natã que conta a Davi sobre Adonias que celebra com os seus, "mas não convidou (*qr'*) a mim, teu servo, nem o sacerdote Sadoc, nem Banaías, filho de Joiada, nem teu servo Salomão. Porventura foi por ordem do senhor meu rei que isso se fez, sem que tenhas indicado a teus servos quem sucederia no trono ao senhor meu rei?" (1Rs 1,27). Todas essas frases ressaltam o valor de exclusão que a ação realizada por Adonias, que com seu silêncio não só deixou de lado Natã, Salomão e os outros mais fiéis a Davi, mas agiu clandestinamente com relação ao rei, seu pai.

Não falar por ódio

Há pelo menos dois textos bíblicos em que o fato de não dirigir a palavra ao outro é consequência do ódio. O silêncio se torna expressão não só de desprezo, mas é um modo de ignorar o outro, ou é um modo de manifestar que o outro não existe. Pode-se exprimir hostilidade para com uma pessoa também sem falar com ela, exatamente não falando com ela. Este mutismo diz algo mais do que exclusão. É uma espécie de aniquilamento do outro.

José e seus irmãos

No início da história de José (Gn 37–50), é descrita uma situação familiar problemática, que nasce da preferência de Jacó pelo filho José (Gn 37,3) e da atitude pouco gentil de José, que contava a seu pai fofocas referentes aos seus onze irmãos (Gn 37,2). O texto não se preocupa em descrever as causas do comportamento tanto de Jacó como de José; está muito mais interessado em ressaltar as consequências.

No v. 4, de fato, o texto apresenta a situação do ponto de vista dos outros irmãos: "Os seus irmãos, vendo que seu pai o amava mais do que a todos os seus irmãos,[3] odiaram-no e não podiam sequer saudá-lo" (Gn 37,4). No texto hebraico se lê textualmente a frase nesta ordem: "viam os seus irmãos que amava *ele* mais do que *todos os seus irmãos*". Os irmãos viam de um lado "ele", isto é, José, do outro "os seus irmãos", ou seja, eles, e no meio o amor preferencial do pai por José. Põe-se em evidência que entre "ele" e "os seus irmãos" se interpõe o amor de predileção do pai. A preferência de Jacó (Israel) por José parece ser vista como obstáculo à fraternidade, que separa os irmãos entre eles. Vejamos agora as diversas afirmações desse v. 4.

Diz-se que "*o* odiavam", mas não é claro quem é o objeto do ódio deles. Poderia ser Jacó, que é o último personagem a quem se faz referência na frase, ou José, que foi mencionado antes. Não se pode excluir nenhuma das duas possibilidades, mas se eles se sentem vítimas exatamente porque são privados do amor paterno, não poderiam odiar o seu pai de modo consciente. No final é claro que o ódio deles se dirige a José, que representa o obstáculo aos seus desejos, o rival sortudo que recebe o amor do qual eles estão privados.[4]

Na última parte do v. 4 se afirma que "não podiam sequer saudá-lo". O ódio invade a linguagem, a palavra, a comunicação verbal entre os irmãos, comunicação que já estava envenenada pelo comportamento mexeriqueiro de José. Não é evidente o significado da frase hebraica: *lō'yāk^{e}lû dabb^{e}rô l^{e}šālōm*, que poderia ser traduzida por "não podiam falar a ele com paz" ou por "não podiam falar dele com paz". A nós parece preferível, à luz do contexto e da tradução grega,[5] a primeira opção: "não podiam falar-lhe

---

[3] A tradução italiana da CEI segue a versão grega dos LXX e traduz: "mais do que todos os seus outros *filhos*". Mas o texto hebraico diz "os seus *irmãos*". Parece oportuno conservar o texto hebraico, pois nesse versículo as coisas são julgadas do ponto de vista dos irmãos. O termo "irmãos" acentua que eles são iguais a José, e que a dessemelhança por parte do pai deles no modo de tratá-los parece a todos algo injusto, "uma injúria à fraternidade" (Cf. WÉNIN, A. *Joseph ou l'invention de la fraternité*. Bruxelles: Lessius, 2005, p. 33). [A BJ, tradução em português, também segue versão grega dos LXX, mas em nota diz que o texto hebraico é "seus irmãos" – N.T.]

[4] WÉNIN, A., op. cit.

[5] A forma verbal *dabb^{e}rô* (verbo *dibbēr* com sufixo) um pouco anômala, deveria ser corrigida e lida *dabbēr lô*. A versão grega dos LXX, de fato, traduziu: *ouk edynanto*

(a José)". O sintagma *lᵉšālōm* indica a modalidade de falar, ou seja, "com paz" ou "pacificamente". É conhecido o uso do termo *šālōm*, paz, para designar a saudação (cf. Gn 29,6; 37,14; 41,16; 43,23.27; 44,17; etc.), e por isso cremos que a frase deva ser entendida no sentido de que os irmãos não podiam aproximar-se de José de modo amigável, ou que não eram sequer capazes de dirigir-lhe a palavra para saudá-lo.

Os irmãos não conseguiam falar com ele por causa do ódio que conservavam no coração contra ele. A palavra envenenada pelo ódio, deteriorada já pela atitude de José e de Jacó, não só não contribui para o "shalom", para a paz da família, ou seja, para a construção de relações justas e afetuosas, mas se torna "silêncio". Silêncio frio, silêncio que separa. De um lado estão Jacó e José, do outro os irmãos e, no meio, uma palavra falha, um silêncio que afasta e distancia. As calúnias contra os irmãos, que José relata a Jacó, contra as quais ele não diz nada, provocam o comportamento dos irmãos, que não dirigem a palavra a José, e talvez nem ao seu pai. Nessa família "a palavra está doente".[6] O silêncio dos irmãos prepara a longa e trágica história, na qual eles decidem vender José, arrancando-o do amor paterno e pondo-o fora do âmbito familiar.

Absalão e Amnon

Outro exemplo em que o silêncio está em relação com o ódio é a reação de Absalão contra seu irmão Amnon, depois de este ter violentado a sua irmã Tamar: "Absalão não disse uma palavra a Amnon nem bem nem mal; odiava Amnon porque tinha violentado sua irmã Tamar" (2Sm 13,22). A frase "nem bem nem mal" que ocorre, com variantes, em outros textos (Gn 24,50; 31,24.29), indica o absoluto silêncio de Absalão em relação ao irmão.[7]

---

lalein autō ouden eirēnikon, "não podiam falar-lhe pacificamente" (cf. WESTERMANN, C. *Genesis*. Biblischer Kommentar 1/3. Neukirchen: Neukirchener Verlag, 1982, p. 28). Ver também WESTERMANN, C. *Genesi. Commentario*. Casale Monferrato: Piemme, 1995, pp. 65-66.

[6] WÉNIN, A., op. cit., p. 35.

[7] No livro do Gênesis conta-se um episódio semelhante. Dina, filha de Jacó, foi violentada em Siquém, por um estrangeiro. Quando Jacó, que estava em casa, ao passo que os seus filhos estavam no campo, fica sabendo do fato, "guardou silêncio até que voltassem" (Gn 34,5). É difícil interpretar essa atitude de Jacó, que, de qualquer

Também esse episódio familiar, no qual dois irmãos não se falam, terá um final trágico. Um ato violento gera um silêncio cheio de ódio, que mais tarde gerará também uma nova violência. Absalão de fato prepara friamente o assassinato de Amnon, com traços que recordam o relato de Caim e Abel, e um dia no campo, num ambiente familiar e festivo, manda seus servos assassiná-lo (2Sm 13,23-29). Jonadab, irmão de Davi, comunica ao rei a notícia dizendo: "[...] Amnon está morto; Absalão prometeu fazer isso desde o dia em que Amnon ultrajou a sua irmã Tamar" (2Sm 13,32). Dessa indicação se deduz que naquele silêncio de ódio nasceu e cresceu um desejo oculto de vingança, que culminou com o assassinato do próprio irmão.

A impossibilidade de falar

Não saber o que dizer

Há quem não esteja em condições de falar por falta de sabedoria, como no caso do homem estulto: "A sabedoria é muito alta para o estulto, na porta da cidade não poderá abrir a boca" (Pr 24,7). A sabedoria excede as suas capacidades, por carência na educação recebida, pela imaturidade da sua personalidade ou pela ingenuidade dos seus juízos. Por conseguinte, nos assuntos públicos o estulto não poderá intervir com uma palavra sensata e iluminadora, mas deverá ficar em silêncio. Não possui a sabedoria para dar um parecer.

Nesse mesmo sentido, a Bíblia descreve também a incapacidade de falar dos adivinhos no Egito que, de modo diferente de José, não conseguem dar nenhuma explicação aos sonhos do Faraó e ficam em silêncio por causa da sua incapacidade de decifrar algo misterioso (Gn 41,24). Outro caso semelhante é o das pessoas que não conseguiram explicar os enigmas propostos por Sansão (Jz 14,13.14).

A impossibilidade de falar se torna incapacidade radical no caso dos ídolos, que "têm boca, mas não falam" (Sl 115,5). Eles são *'eben dûmām*,

---

modo, não parece um silêncio vingativo. Segundo G. Wenham, embora calar seja em alguns casos expressão de prudência, neste caso Jacó age mal, pois não sabe defender a honra da filha (WENHAM, G. *Genesis 16–50*. Word Biblical Commentary 2. Dallas: Word Books, 1994, p. 311).

"pedra muda" (Hab 2,19), incapazes do ato da palavra, "alguém o invoca, mas (o ídolo) não responde" (Is 46,7).

Não falar por medo

Às vezes uma pessoa pode encontrar-se numa situação tal de angústia e medo, que se sente sufocar, falta-lhe a respiração e até sofre a somatização da insônia: "Tu me seguras as pálpebras dos olhos, fico perturbado e *sem palavras*", literalmente: "não falo" (Sl 77,5.7-8). Um caso extremo é o da nora de Samuel, mulher do seu filho Fineias: ela estava grávida e, ao saber que a arca do Senhor fora tomada pelos filisteus, é acometida das dores do parto e, não obstante o encorajamento das que a assistiam, não teve a força de falar e morreu: "ela nem respondeu nem fez caso disso" (1Sm 4,20).

O medo pode provocar também uma forte perturbação interior que bloqueia a palavra e impede de falar. Em Isaías 10,14, por exemplo, ocorre uma expressão metafórica que exprime a reação dos povos derrotados na guerra pelo exército da Assíria, imobilizados pelo pânico e emudecidos pelo terror: "não houve ninguém que batesse as asas, ninguém que abrisse o bico ou desse um pio".

Quando Jó recorda o seu passado, afirma a sua inocência dizendo que nunca foi vítima do medo a ponto de calar-se e de esconder-se: "Não ocultei, à maneira dos homens, o meu delito, escondendo no peito a minha culpa, como se temesse a multidão, e o desprezo dos parentes me apavorasse, a ponto de manter-me calado sem sair de casa" (Jó 31,33-34). O silêncio do medo é acompanhado pelo escondimento. A pessoa tomada pelo medo evita não só ser ouvida, mas também ser vista.

Os irmãos de José, quando o reconhecem no Egito, são de tal modo tomados pelo terror que não conseguem falar: "José disse aos seus irmãos: Eu sou José! Vive ainda meu pai? E seus irmãos não puderam lhe responder, pois estavam conturbados ao vê-lo" (Gn 45,3). Também Isbaal, filho de Saul, que censurava Abner, um general do exército, porque se unira com uma concubina de Saul, depois que Abner lhe responde com raiva, fica em silêncio: "Isbaal não ousou responder uma palavra a Abner, porque tinha medo dele" (2Sm 3,11).

O silêncio como derrota

Na Bíblia o silêncio é significativo também em situações em que as pessoas se deparam com questões pertinentes aos seus direitos. Num litígio, cada parte quer provar a verdade, de tal modo que ninguém mais possa replicar. Cada um quer ficar com a última palavra, porque considera que ela é a única verdadeira. O silêncio a que se reduz o adversário marca o fim da contenda e manifesta a vitória de um dos litigantes.[8]

Quando a acusação ou o réu não podem iniciar ou prosseguir o debate, reconhecem que não têm argumento e, portanto, que o adversário tem razão.

Dá-se o caso em que a acusação é reduzida ao silêncio, por isso o réu sai vitorioso. É o caso dos salmistas – acusados injustamente e perseguidos mortalmente por seus inimigos – que invocam o Senhor pedindo que os seus adversários sejam reduzidos ao silêncio: "Senhor, que eu não fique confuso porque te invoquei; fiquem confusos os ímpios, calem-se nos ínferos. Faze calar os lábios de mentira que dizem insolências contra o justo com orgulho e desprezo" (Sl 31,18-19); "Proferem mentiras uns aos outros, falam com lábios lisonjeiros, mas com duplo coração. Que o Senhor corte os lábios mentirosos, a língua que fala com arrogância" (Sl 12,4). Os pedidos dos salmistas não são apenas denúncia da falsidade e da injustiça nas relações humanas, mas, sobretudo, uma invocação na qual se pede a intervenção do Senhor como juiz supremo entre os homens. Pedir que os lábios mentirosos e injuriosos dos injustos sejam reduzidos ao silêncio equivale a pedir uma justiça que revele e condene definitivamente toda atitude e palavra ética e religiosamente perversas na sociedade.

Sofar, amigo de Jó, sente-se obrigado a responder às acusações que este último faz contra Deus. Sofar está convencido de que não pode ficar em silêncio, porque isso significaria dar razão a Jó. De fato, ele diz a Jó: "Esse palavrório ficará sem resposta? Terá razão este homem só por sua eloquência? Tua falação calará os homens? Zombarás sem que ninguém te envergonhe?" (Jó 11,2-3). É a mesma preocupação de Eliú, que se sente indignado porque não pode suportar que os três amigos de Jó fiquem em

---

[8] Nesta temática, nos inspiramos nas sugestivas reflexões de BOVATI, P. *Ristabilire la Giustizia. Procedure, vocabolario, orientamenti*. Analecta Biblica, n. 100. Roma: Pontifício Instituto Bíblico, 1986, pp. 314-316.

silêncio, sem responder mais a Jó (Jó 32,1.3.5) e faz este comentário acerca do comportamento deles: "Desconcertados, já não respondem, faltam-lhes palavras. Devo aguardar, já que eles não falam, já que estão aí sem responder? Quero dar a minha réplica, vou eu também expor o meu parecer" (Jó 32,15-17).

Pode acontecer também que seja a parte acusada, o réu, a calar-se; nesse caso, portanto, ficar em silêncio em vez de defender-se equivale a admitir o próprio erro. Podemos dar alguns exemplos significativos. Na história de José e dos seus irmãos, quando, no saco que pertencia a Benjamim, é descoberta a taça de prata, colocada ali às escondidas por ordem do próprio José, Judá fica sem argumentos, aceitando assim a própria culpa: "O que podemos dizer ao meu senhor? Como falar? Como nos justificar? [...] Ei-nos, pois, escravos de meu senhor, tanto nós quanto aquele nas mãos de quem se encontrou a taça" (Gn 44,16).

No livro de Neemias se conta a repreensão fortíssima que os mais ricos da sociedade e os magistrados recebem de Neemias por causa do alto juro que exigiam das pessoas a quem faziam empréstimo. Neemias convoca uma grande assembleia e lhes diz: "Resgatamos, na medida das nossas posses, nossos irmãos judeus que se tinham vendido às nações. E agora sois vós que vendeis vossos irmãos para que os resgatemos!" Os que o escutaram ficaram sem argumentos, dando razão a Neemias: "eles se calaram e não souberam o que responder" (Ne 5,1-8).

Também a atitude silenciosa de Jó, que põe a mão sobre a boca e se cala diante de Deus, equivale a dar razão ao Senhor e admitir o próprio erro: "Eis que falei levianamente, que poderei responder-te? Porei minha mão sobre a boca; falei uma vez, não replicarei; falei duas vezes, nada mais acrescentarei" (Jó 40,4-5). Na nossa cultura temos um provérbio que espelha de algum modo o valor desse silêncio: "Quem cala consente". Na Bíblia, em controvérsias acerca de questões de direito, quem cala reconhece a própria responsabilidade, ou a própria culpa.

O silêncio diante das manifestações divinas

Um caso particular é o terror causado por uma manifestação divina que deixa a pessoa sem palavras, incapaz de falar. O silêncio pode realmente acompanhar um estado de estupor diante de um fato insólito em que se manifesta a santidade de Deus. Em Lv 10,1-3, descreve-se de forma lacônica a reação de Aarão quando Moisés lhe dá a notícia da morte dos seus filhos, devorados pelo fogo do Senhor: "Aarão ficou calado" (v. 3). Não responde, não se lamenta, fica sem palavras. O texto não oferece mais detalhes sobre a sua reação. O seu silêncio exprime uma atitude de perplexidade e de impotência diante de um evento doloroso e inesperado, no qual se manifesta a santidade do Senhor.[9]

Em Ex 15,16, por exemplo, no chamado Cântico de Moisés, descreve-se a reação dos povos vizinhos de Israel diante da manifestação da força do Senhor em favor do seu povo: "Caíram sobre eles o medo e o terror; pelo poder do teu braço ficaram silenciosos[10] como pedra". A imagem da pedra, inerte, incapaz de fazer ou de dizer algo, serve para exprimir o efeito paralisante do medo por causa da ação potente de Deus.[11]

O profeta Miqueias pede ao Senhor que se manifeste como nos tempos antigos para salvar o seu povo: "Como nos dias de tua saída da terra do Egito, faz-nos ver maravilhas". Ele sabe que tal ação potente de Deus deixará os outros povos sem palavras: "Que as nações vejam e se envergonhem, apesar de todo o seu poderio, que ponham a mão na boca, e seus ouvidos fiquem surdos" (Mq 7,15-16). Diante da intervenção de Deus, que inverte a sorte dos pobres e das vítimas da opressão, os justos se alegram, mas aqueles que realizam ações iníquas e injustas ficam mudos: "Reergue o

---

[9] A versão grega dos LXX traduziu: *katenychtē Aarōn*, "Aarão ficou estupefato", o que não exclui uma reação silenciosa. Muitas vezes o assombro e o silêncio se apresentam ao mesmo tempo. HARTLEY, J. E. (*Leviticus*, Word Biblical Commentary 4. Dallas: Word Books, 1992, p. 134) observa que não é claro se Aarão permaneceu em silêncio porque foi tocado tão fortemente pelo fato, que ficou como mudo, ou porque as palavras de Moisés lhe ofereceram algum tipo de consolo. O contexto, todavia, não oferece nenhum fundamento para esta última interpretação. A interpretação de ELLIGER, K. (*Leviticus*. Handbuch zum Alten Testament 14. Tübingen: J.B.C. Mohr, 1966, p. 137) é diferente; ele traduz: *"und Aaron erstarrte"*, isto é, Aarão teria ficado paralisado pelo terror diante do sagrado e por causa da sua sensibilidade diante do mistério.

[10] O verbo hebraico *dmm* pode exprimir tanto o silêncio como a imobilidade (cf. BÁEZ, S. J. *Tiempo de callar y tiempo de hablar*, pp. 26-36). A tradução italiana da CEI traduziu: "restano imobili come pietra" [esta é também a tradução da BV: "ficaram imóveis como pedra"; a BJ diz "os fixa como pedras" – N.T.].

[11] Cf. COSTACURTA, B. *La vita minacciata. Il tema della paura nella Bibbia Ebraica. Analecta Biblica*, n. 119. Roma: Pontifício Instituto Bíblico, 1988, p. 225.

pobre da miséria e torna as famílias numerosas como rebanho. Vendo isso os homens retos se alegram, e toda maldade fecha sua boca" (Sl 107,41-42).

Fazer o outro calar-se

Na Bíblia há casos em que a ordem de calar-se é simplesmente um comando, a fim de que ninguém perturbe com palavras ou expressões emotivas fora de lugar. Pensemos, por exemplo, no rei moabita Eglon que, fascinado com a possibilidade de receber do israelita Aod uma palavra "secreta" diretamente para ele, sem imaginar que fosse uma artimanha de Aod para matá-lo, manda que os seus servos façam silêncio, os quais são obrigados a sair da sua presença (Jz 3,19).[12] Neemias, num dia em que é lido o livro da lei de Moisés que provoca o pranto do povo, convida este a se alegrar e celebrar com alegria; então os levitas acalmam o povo dizendo: "Calai-vos: hoje é um dia santo. Não vos entristeçais" (Ne 8,11).

Às vezes, obrigar o outro a calar-se adquire conotações violentas. Nem sempre o silêncio é fruto de uma decisão livre do sujeito. Frequentemente a pessoa e os grupos sociais são obrigados a se calar, a não dizer a sua palavra, sobretudo quando ela é inquietante, ameaçadora e se apresenta como elemento desestabilizador do *status quo*. O caso mais gritante é o dos profetas obrigados a se calarem. Sendo eles os homens chamados a transmitir a Palavra de Deus e a interpretar a sua vontade na história, obrigá-los ao silêncio é um fato gravíssimo, com o qual se desconhece a autoridade suprema de Deus que os mandou falar. Lembramos aqui, sobretudo, as expressões negativas construídas com o verbo *nb'*, "profetizar", "não profetizar" (Am 2,12), "não profetizar mais" (Am 7,13), "não profetizar contra Israel" (Am 7,16); "não profetizar em nome do Senhor" (Jr 11,21).[13] A violência contra a palavra profética é um ato perverso com o qual se exclui da convivência humana a instância crítica da palavra divina, que julga e ilumina a história.[14]

---

[12] Ver também Jz 18,19.25; 2Rs 18,36.

[13] A esses textos se poderiam acrescentar muitos outros que se referem à oposição sofrida pelos profetas de Israel (cf. 1Rs 13,1-10; 18,4; 19,2; 22,8.26.27; 2Rs 6,31; Jr 26; 29,24-28; etc.).

[14] Cf. MAYS, J. L. *Amos*. London: Old Testament Library, SCM, 1969, p. 52; BOVATI, P. & MEYNET, R. *Il libro del profeta Amos*, p. 102.

Amós 5,1-6 descreve uma situação social deteriorada pela corrupção das autoridades e pela perversão da justiça, que gera mecanismos de repressão contra a palavra profética e cuja culminância é o silêncio ao qual estão obrigadas as pessoas que poderiam, com a sua sabedoria e integridade de vida, contestar a injustiça e a decomposição social. Amós faz referência a isso quando escreve: "Por isso o *maśkîl* se cala neste momento, porque esta é uma época de desventura". O termo *maśkîl* foi interpretado de maneiras diferentes.[15] A interpretação mais provável é aquela que o identifica, no contexto de Am 5,1-17, com o censor de Am 5,10.[16] O termo deriva do radical hebraico *śkl*, que em geral descreve a capacidade de sair-se de modo inteligente e prático, graças a uma percepção e a uma inteligência cultivada.[17] Nesse sentido, a palavra *maśkîl* designa, numa sociedade injusta e violenta, o homem sábio que possui uma palavra iluminadora e crítica, o homem coerente que vive segundo os maiores valores humanos e religiosos e que usa uma linguagem simples, corajosa e justa, motivo pelo qual é odiado e perseguido pelas autoridades políticas e judiciárias.

Esse silêncio do homem sábio não é elogiado nem censurado, mas simplesmente constatado. No entanto, é um grave sinal de mal-estar social. Não há lugar para o discurso daqueles que dizem a verdade e defendem a

---

[15] Ruiz, G. ("Amos 5,13: 'Prudencia en la denuncia profética?'". *Cuadernos Bíblicos*, n. 30, 1973, pp. 347-352) o identifica com o próprio Amós e interpreta o seu silêncio como expressão da sabedoria do profeta, que o impele a calar-se diante do juízo divino que se aproxima, deixando os contemporâneos dependentes de sua corrupção. Semelhante é a interpretação de Sicre, J. L. *"Con los pobres de la tierra". La justicia social en los profetas de Israel*. Madrid: Cristiandad, 1984, p. 128. Para Jackson, J. J. ("Amos 5,13 Contextually Understood". *Zeitschrift für die Alttestamentliche Wissenschaft*, n. 98, 1986, pp. 434-435) se trataria de uma pessoa rica ou de sucesso que deverá lamentar-se neste tempo de desastre que Deus anuncia. Segundo Smith, G. V. ("Amos 5,13. The Deadly Silence of the Prosperous". *Journal of Biblical Literature*, n. 107, 1988, pp. 289-294), o termo designa o homem rico condenado a um silêncio de morte.

[16] Dificilmente se pode identificar esse personagem com Amós, dado que a sua atitude de silêncio parece radicalmente oposta à de Amós (Am 3,8; 7,15), a menos que consideremos que se tenha chegado agora ao tempo do fim (Am 8,11-12), mas o contexto não justifica suficientemente esta última interpretação (ver Andersen, F. I. & Freedman, D. N. *Amos*. New York: Doubleday, Anchor Bible 24A, 1989, pp. 503, 505; Bovati, P. & Meynet, R. *Il libro del profeta Amos*, p. 190).

[17] O termo *maśkîl* é um particípio *hifil*, com função substantiva do verbo *śkl* (1Sm 18,14.15; Sl 14,2; 41,2; 53,3; Jó 22,2; Pr 10,5.19; 14,35; 15,24; 16,20; 17,2; 21,12).

justiça. Eles são obrigados a se calar. Tudo caminha para o fim: a palavra do homem sábio e íntegro é sufocada. O fim da palavra profética está para chegar. A situação social está deteriorada ao extremo, a tal ponto que só falta esperar a intervenção do Senhor como juiz supremo.[18]

---

[18] BOVATI & MEYNET, op. cit., p. 190.

O SILÊNCIO: PRESENÇA E COMUNHÃO

A pessoa humana é eminentemente relacional. Comunica-se sempre, quer quando se cala, quer quando fala. O homem se relaciona consigo mesmo, com os outros e com Deus, tanto com o silêncio quanto com a palavra. Assim como a palavra não é sempre instrumento de comunicação e de comunhão, também o silêncio não é sempre sinal de ruptura, de distanciamento ou de rejeição. Quando o silêncio é revelador de uma presença livre e aberta e de uma atitude interior que propicia e cria comunhão, representa um ato excelente de sabedoria, uma manifestação indispensável do agir do homem sábio e justo.

São muitos os casos em que calar-se é expressão de sabedoria. O sábio sabe que em certos momentos deve permanecer em silêncio, ou que em determinada situação certas palavras não devem ser ditas. Essa atitude sapiencial pode adquirir até um valor religioso, quando o orante reza a Deus para torná-lo senhor da própria linguagem: "Senhor, coloca uma guarda em minha boca, uma sentinela à porta dos meus lábios" (Sl 141,3).

O silêncio da escuta

O ato de falar não teria sentido se não fosse dirigido a alguém disposto a ouvir. O ato de ouvir representa, em certo sentido, a realização da palavra. Ouvir supõe abertura e atenção. É o sacrifício da própria palavra, para permitir que a palavra do outro seja dita e ouvida. Por isso a primeira condição da verdadeira escuta é o silêncio: um silêncio de abertura, que concede a prioridade ao outro, que prepara o terreno no qual germine a palavra e nasçam o diálogo e a comunhão.

Na tradição bíblica, na qual o conceito de palavra é central, o ato correlativo da escuta permanece igualmente fundamental.[1] Na literatura sa-

---

[1] Cf. BOVATI, P. *"La dottrina del ascolto nell'Antico Testamento"*. In: PANIMOLLE, S. (ed.). *Dizionario di spiritualità biblico-patristica*, vol. 5. Roma: Borla, 1993, pp. 17-64.

piencial, por exemplo, o primeiro momento do complexo ato de ouvir se exprime com a frase: "dar ouvidos", que não é apenas um sinônimo de escutar, mas que indica também a disposição fundamental de quem escuta (Pr 2,2; 4,20; 5,1.13; 22,17; Eclo 6,33; etc.).[2]

Tal atitude pressupõe, antes de tudo, uma situação de silêncio, como é demonstrado por estes textos tirados de alguns diálogos do livro de Jó: "Instruí-me e então me *calarei*; fazei-me ver em que me equivoquei" (Jó 6,24); "*Calai*-vos diante de mim, agora sou eu quem fala, venha o que vier" (Jó 13,13); "Presta atenção, Jó, escuta-me, *cala*-te e eu falarei" (Jó 33,31); "Escuta-me, *cala*-te e ensinar-te-ei a sabedoria" (Jó 33,33).

O silêncio nem sempre é escuta, mas a escuta exige sempre o silêncio, que é o lugar no qual a palavra é depositada e germina, e é o âmbito em que se desenvolve o desejo de quem fala e de quem escuta. Esse primeiro momento da escuta exige que se renuncie a escutar qualquer outra voz, fazendo calar-se dentro de si a interferência dos sentimentos negativos, como a presunção, a indiferença ou a autodefesa.

À guisa de exemplo, queremos apresentar um trecho do livro de Jó no qual é possível captar a dinâmica e a riqueza do ato de escuta.

Jó ouvido à porta da cidade

(Jó 29,7-10.21-25)

O capítulo 29 do livro de Jó, que pertence à unidade literária mais vasta dos capítulos 29–31, é um discurso que serve de conclusão para os diálogos dos amigos com Jó e prepara o seu futuro confronto com Deus.[3] No discurso, Jó evoca o período feliz da sua amizade com Deus (vv. 1-6) e descreve o prestígio de que gozava à porta da cidade (vv. 7-10); depois

---

[2] Ibidem, p. 19.

[3] No capítulo 29, Jó recorda o seu passado feliz, no capítulo 30 se lamenta pela sua situação miserável e acusa Deus de não lhe fazer justiça, e com o juramento final do capítulo 31 se proclama totalmente inocente, esperando que Deus se revele para responder ao seu pedido de justiça (cf. LÉVÊQUE, J. "Anamnèse et disculpation: La conscience du juste en Job 29–31". In: GILBERT, M. *La sagesse de l'Ancien Testament*. Bibliotheca Ephemeridum Theologicarum Lovaniensium 51. Leuven: Grembloux, 1979, pp. 231-248).

recorda o seu agir como homem justo e defensor da justiça, pensando em todos aqueles que se beneficiavam com a sua palavra e as suas ações (vv. 11-17); em seguida confessa a esperança que tinha no passado acerca de uma vida feliz e longa, e conclui com a reminiscência da autoridade que a sua palavra possuía (vv. 21-25). Examinaremos os versículos que se referem diretamente ao silêncio: o silêncio com o qual Jó é escutado à porta da cidade (vv. 7-10) e o silêncio com que se escutava a sua palavra nas decisões públicas (vv. 21-25).

Silêncio à chegada de Jó (vv. 7-10)

Jó, agora sofrendo e incompreendido, recorda os anos em que ocupava um lugar preeminente à porta da cidade, o lugar mais importante da vida comercial e política nas cidades do antigo Israel (2Rs 7,1.18; Rt 4,1.11). Aí ocorriam as sessões judiciárias (Dt 16,18; 21,19; Is 29,21; Am 5,10; etc.) e se executavam as sentenças (Dt 15,17; 22,24; Js 8,29; 2Rs 10,8). Jó se dirigia a esse lugar público para intervir nos processos judiciais como protagonista de destaque no ato de administrar a justiça (cf. vv. 11-17). A sua chegada suscitava nos outros uma série de comportamentos e de gestos que revelam a importância da sua pessoa:

> [7]Quando me dirigia à porta da cidade e tomava assento na praça, [8]os jovens ao ver-me se retiravam, os anciãos se levantavam e ficavam de pé; [9]as autoridades interrompiam suas conversas pondo a mão sobre a boca; [10]emudecia a voz dos chefes, sua língua se colava ao céu da boca.

Fala-se de dois grupos: os jovens e os anciãos, que reagem em relação a Jó através de comportamentos corpóreos concretos. Os primeiros se retiram, os outros se levantam. Os jovens que se encontravam nas cercanias da porta da cidade se retiravam respeitosamente daquele lugar público. Os mais velhos, que também deviam participar da assembleia pública, se punham de pé, em sinal de particular consideração e estima para com Jó, até que Jó tivesse ocupado o lugar que lhe competia.

Em seguida se fala de duas categorias de autoridade na cidade: as autoridades e os chefes. Também eles reagem com deferência para com Jó, através do seu silêncio. Dos primeiros se diz que interrompiam os seus discursos, dos outros, que a sua voz emudecia. Em ambos os casos o silêncio é descrito com duas expressões em que se faz referência a órgãos da fonação: os primeiros punham a mão sobre a boca, a língua dos outros se colava ao céu da boca.

Trata-se de pessoas importantes na vida pública da cidade, que se abstêm de falar ou que interrompem os seus discursos com a chegada de Jó. O seu silêncio não é simples gesto de cortesia, mas uma expressão de reconhecimento da presença do outro, admitindo que se trata de alguém que possui uma palavra qualificada. Não é ainda o silêncio da escuta propriamente dito, mas prepara o seu caminho. É um silêncio que denota acolhida e abertura e que, ao mesmo tempo, evidencia a respeitabilidade de Jó, que se manifestará ainda mais fortemente quando ele fizer uso da palavra.

Silêncio diante das palavras de Jó (vv. 21-25)

Durante a sua intervenção nos debates da assembleia, Jó é escutado com grande atenção. Todos esperam a sua palavra com interesse e ficam em silêncio enquanto o escutam:

> [21]Ouviam-me com grande expectativa, e em silêncio escutavam meu conselho. [22]Quando acabava de falar, ninguém replicava, gota a gota caía sobre eles a minha palavra. [23]Esperavam-me como se espera a chuva, e abriam a boca como à chuva de primavera.

O v. 21 no texto original hebraico soa literalmente: "A mim (*lî*) escutavam e esperavam e se calavam por causa do meu conselho ('ăṣātî)". Na frase é notória a posição enfática dos sufixos de primeira pessoa singular, no início (a *mim*) e no fim (*meu* conselho). Desse modo se torna mais enérgica e direta a expressão, evidenciando que é exatamente Jó que é escutado. Tudo está centrado nele. Do outro lado, o paralelismo entre os verbos "ouvir" "esperar" e "calar-se" destaca o caráter prolongado do silêncio descrito. O silêncio da escuta é, de fato, espera confiante, que exige e emprega tempo. Quem escuta deve superar a pressa que leva muitas vezes ao desinteresse em relação à palavra do outro.

Finalmente é dada a motivação da acolhida silenciosa: "por causa do meu conselho". Escutar não é apenas questão de tempo, mas também de disposição interior. Todos se calam por causa de uma palavra que consideram válida e importante.[4] Com o seu silêncio, criam o espaço interior

---

[4] FOHRER, G. (*Das Buch Hiob*. Kommentar zum Alten Testament 16. Gütersloh: Gütersloher, 1963, p. 407) observa que a atitude de espera silenciosa com que Jó é escutado

necessário para acolhê-la e assumem a atitude indispensável para a escuta. Ao silêncio da escuta segue o da aceitação da palavra ouvida e do conselho recebido (vv. 22-23). Depois de ter escutado o parecer de Jó, todos se calam, porque com a sua intervenção tudo já foi dito. O seu ponto de vista e as suas recomendações foram determinantes. As questões que devem ser enfrentadas foram resolvidas. Não há nada a acrescentar.

O discurso de Jó é descrito com a imagem da chuva que, pouco a pouco, vai penetrando na terra tornando-a frutífera.[5] Como o camponês espera ansioso a água que fecunda a terra, assim a comunidade sedenta espera as palavras de sabedoria de Jó, sábio conselheiro, de cujo discurso a comunidade tira grande proveito. A água da chuva representa a sabedoria de Jó, e o terreno preparado indica a atitude com que os ouvintes acolhem a sua palavra. A fecundidade da palavra se produz quando se conjugam ambos os aspectos: uma palavra válida e uma escuta atenta. A palavra de Jó é acompanhada do sorriso: "Sorria para eles, mal o acreditavam, e não perdiam nenhuma expressão alegre de meu rosto" (v. 24).[6] Com o seu sorriso que torna luminoso o seu rosto, Jó infunde nova esperança nas pessoas desanimadas. O texto conclui sublinhando ainda o importante e influente papel que Jó exerce na vida social (v. 25).

A cena que se acabou de descrever mostra que o silêncio nem sempre é frio mutismo ou expressão de incomunicabilidade. Renunciar à própria palavra para acolher a palavra de outro pode ser manifestação de atenção, reconhecimento respeitoso da sua pessoa e condição necessária para a escuta da sua palavra. Nesse caso, o silêncio é sinal de deferência e gesto excelente de receptividade. Certamente toda palavra tem necessidade de ser escutada em silêncio. No entanto, Jó 29 ilumina esse postulado fundamental apresentando um caso particular: a escuta de uma palavra que

---

lembra a atitude confiante do homem que espera pela ajuda de Deus (cf. Sl 37,7: "Fica em silêncio diante do Senhor e espera nele"; Lm 3,26: "É bom esperar em silêncio a salvação do Senhor").

[5] O texto hebraico emprega o verbo *ntp*, "gotejar como chuva". É significativo o paralelo com Dt 32,2, onde ocorre o verbo em referência às palavras de Moisés: "Goteje como chuva a minha doutrina". A imagem da chuva é usada para descrever a eficácia da palavra de Deus (Is 55,10-11; cf. Os 6,3).

[6] O texto hebraico desse versículo apresenta algumas dificuldades de leitura. Para uma explicação da tradução proposta, cf. BÁEZ, S. J. *Tiempo de callar y tiempo de hablar*, pp. 117-118.

se aprecia antecipadamente e que é considerada importante para a vida da comunidade.

A escuta paciente e prolongada dos interlocutores à porta da cidade, que esperam e quase solicitam a palavra de Jó, é correlata com a densidade de sabedoria de que o seu discurso goza e com sua fama de homem justo. Jó realmente fala de si com estas palavras: "Eu socorria o pobre que pedia ajuda e o órfão que não tinha quem o socorresse [...]. A justiça era a roupa com que me vestia; como manto e turbante era a minha retidão. Eu era os olhos para o cego, era os pés para o coxo. Era o pai dos pobres e examinava a causa de um desconhecido" (vv. 11-17). Quando Jó se apresenta à porta da cidade, como sujeito justo e defensor da justiça, é portador de uma palavra sapiencial e respeitável, digna de ser escutada. Cria as condições de escuta, ou seja, se faz escutar.

Tantas vezes as dificuldades e a recusa da audição não são senão uma forma de autodefesa diante de palavras e discursos superficiais e, no pior dos casos, se devem a um preconceito com respeito à palavra do outro, considerada pouco importante ou não necessária. Uma palavra autorizada, autêntica, iluminadora, tida como tal por parte do auditório, impõe silêncio e espontaneamente se faz ouvir.

O silêncio prudente

Na Bíblia, a palavra e o silêncio não são realidades radicalmente opostas, mas expressões vitais de uma relação dialética. Só a palavra ou só o silêncio são realidades abstratas e parciais, que quebram a unidade da existência humana. Palavra e silêncio constituem uma oposição vital e fecunda. O silêncio dá e restitui à palavra a sua dignidade, a sua densidade propriamente humana, quando lhe impõe algumas reservas e limites.

A literatura sapiencial destacou o valor da palavra humana, a qual possui uma força particular para estabelecer e reforçar as relações humanas, mas que, ao mesmo tempo, está em condições de destruir com grandíssima facilidade as relações entre as pessoas. Um provérbio afirma de modo lapidar: "Morte e vida estão em poder da língua, aqueles que a amam comerão de seu fruto" (Pr 18,21). Cada um comerá dos frutos produzidos pela sua palavra. Não só as ações, mas também a linguagem se confronta diretamente com aquela decisão última que define a existência humana: a vida ou a morte (cf. Dt 30,15; Mt 12,37; Tg 3,1-12).

O homem sábio sabe controlar as palavras e dominar a própria língua. Com o seu silêncio contribui para a harmonia da convivência, evitando pronunciar juízos temerários ou dizer palavras que poderiam prejudicar os outros ou pôr em perigo as relações interpessoais.

Mostremos alguns provérbios nos quais o silêncio é expressão da ponderação e do domínio de quem, evitando falar ou medindo as palavras, contribui para uma convivência pacífica e harmônica, pelo menos para evitar danos maiores.

Refrear os lábios (Pr 10,19)

No muito falar não faltará a culpa,
quem refreia os lábios é prudente.

Nesse provérbio, o controle dos lábios é apresentado em contraposição às muitas palavras. A expressão hebraica *rob dᵉbārîm*, "muitas palavras", leva a pensar numa espécie de rio transbordante que passa pela represa de modo desordenado. Na tradução proposta, supomos que o texto se refere à sabedoria que se manifesta no falar tranquilo, ponderado. Enquanto o tagarela, geralmente loquaz e mexeriqueiro, que não está atento às suas palavras, pode repetidamente ferir a suscetibilidade e até a dignidade dos outros, o sábio impõe-se uma disciplina no falar e sabe medir com atenção as suas palavras.[7] No entanto, também é possível outra interpretação desse provérbio, no qual se supõe uma ofensa produzida, que se tenta reparar falando continuamente; a segunda parte do versículo proporia, porém, a conduta justa numa tal situação, ou seja, calar-se e não procurar desculpar-se e defender-se com discursos intermináveis.[8]

"Refrear os lábios" pode ser em alguns casos uma atitude sapiencial, que indica a capacidade que o homem prudente tem de controlar as suas

---

[7] Cf. McKane, W. *Proverbs.* Old Testament Library. London: SCM, 1970, p. 426.
[8] Bühlmann, W. (*Vom rechten Reden und Scheigen. Studien zu Proverbien 10–31.* Orbis Biblicus et Orientalis 12. Freiburg-Göttingen: Vandenhoeck & Ruprecht, 1976, p. 178) traduz: "Com as muitas palavras não se apaga uma culpa, mas quem refreia os lábios age como prudente".

palavras e saber calar-se quando for necessário, seja quando a loquacidade desenfreada se torna insolência ou impertinência, seja quando, depois de ter ofendido ou ferido alguém, se é tentado repetidamente a desculpar-se, tornando mais tensa a situação ou agravando-a por causa de um falar insensato e inútil.

Serenar-se interiormente (Pr 17,27-28)

²⁷Quem mede as palavras tem conhecimento;
um espírito calmo é um homem inteligente.
²⁸Mesmo o estulto, quando se cala, passa por sábio,
e por inteligente, aquele que fecha os lábios.

No v. 27, a expressão "quem mede as palavras" traduz uma frase hebraica muito mais forte: *ḥôśēk 'ămārāw*, "quem põe um freio nas suas palavras". Faz-se referência, portanto, ao homem que retém as palavras, que consegue exprimir-se sem recorrer necessariamente ao excesso de palavras, com uma linguagem discreta e concisa. O fruto de tal atitude é a posse da ciência, no sentido prático de prudência ou tino.

Na segunda parte do v. 27, a expressão "espírito calmo" traduz o hebraico *qar rûaḥ*, que literalmente significa "espírito frio". Poderia indicar a atitude de quem, numa situação de tensão ou de disputa, está em condições de calar-se e de manter a calma, "arrefecendo" o calor da paixão interior; ou poderia fazer referência ao homem de fala concisa, que diz o essencial e não se agita empregando muitas palavras. Em todo caso, tratar-se-ia de um verdadeiro *'îš tᵉbûnâ*, um "homem inteligente", que possui a inteligência prática para afirmar-se na vida.

O v. 28 é uma espécie de comentário ao v. 27. Provavelmente se trata de um provérbio com certo matiz irônico a fim de evidenciar a importância do silêncio, sobretudo se tendo em conta a característica do estulto (*'ewîl*) em tantos textos sapienciais, nos quais é descrito como tagarela e imprudente. É tão importante saber calar no momento oportuno que até um tolo, se soubesse usar com prudência a própria língua, poderia ser considerado "inteligente" (*nābôn*).

Pôr a mão sobre a boca (Pr 30,32-33)

³²Se te exaltaste por estultícia,
e se depois refletiste, põe a mão na tua boca,
³³porque batendo o leite sai creme,
fazendo pressão no nariz sai sangue,
exprimindo a cólera sai briga.

O v. 32 pode ser interpretado de duas maneiras diferentes. Na tradução proposta – que é a da CEI [da BJ e BV] –, considera-se que as duas frases do versículo são independentes e antitéticas, ou que indicam duas atitudes contrapostas. Nesse caso, depois da reação altiva por falta de prudência e de controle de si ("se te exaltaste por estultícia"), a pessoa reflete (verbo *zmm*) e se cala. Outra interpretação, no entanto, é possível, se mantivermos que o v. 32 foi construído com duas frases condicionais não antitéticas, ou que indicam dois momentos da mesma atitude: "Se te exaltaste por estultícia e depois refletiste".[9] Nesse caso, supõe-se que a pessoa tenha agido de modo arrogante, porque o tinha premeditado (verbo *zmm*).

Em ambos os casos, quando é produzida uma reação arrogante e violenta, seja por falta de prudência, seja por excesso de cálculo, o silêncio é proposto como a atitude mais oportuna. É melhor "pôr a mão sobre a boca" antes que saiam palavras que causem danos mais graves nas relações pessoais. É o tema que o v. 33 desenvolve, formado por três frases construídas sobre um engenhoso jogo de palavras hebraicas: "porque batendo o leite sai creme (*hem'â*, homófono de *ḥēmâ*, 'furor'), fazendo pressão no nariz (*'ap*), sai sangue, exprimindo a cólera (*'appayim*) sai briga". Noutras palavras, como do leite se pode tirar um produto, assim a arrogância pode suscitar a ira, e a ira produzir palavras ofensivas que podem ser causa de desencontros violentos.

---

[9] Cf. GEMSER, B. *Sprüche Salomos*. Handbuch zum Alten Testament 16. Tübingen: J.C.B. Mohr, 1937, p. 106; RINGGREN, H. *Sprüche*. Das Alte Testament Deutsch 16/1. Göttingen: Vandenhoeck & Ruprecht, ³1980, pp. 115-116; WHYBRAY, R. N. *Proverbs*. New Century Bible. Grand Rapids: Eerdmans, 1994, p. 421; ALONSO SCHÖKEL, L. & VÍLCHEZ, J. *Proverbios*. Madrid: Cristiandad, 1984, p. 521. Trad. it. *I Proverbi. Traduzione e commento*. Roma: Borla, 1988.

O silêncio da linguagem interior

No entanto, não basta calar a linguagem exterior. O homem sábio deve estar em condições também de dominar a "linguagem" da própria interioridade. Há algumas exortações bíblicas que ilustram esse silêncio. Nelas se aconselha a reduzir ao silêncio palavras e também pensamentos que poderiam alimentar atitudes em contradição com o ideal sapiencial de vida, ou que são incompatíveis com a vontade de Deus. O imperativo "não dizer"[10] adquire em muitos casos o significado de "não pensar", compreendendo, desse modo, tanto a linguagem exterior das palavras como a linguagem interior dos desejos e dos pensamentos.

Mostremos alguns exemplos tirados do Pentateuco, da literatura profética e dos livros sapienciais.

Moisés, por exemplo, para fazer compreender o sentido do dom da terra e evitar que seja esquecida a sua absoluta gratuidade, exorta os israelitas dizendo: "Quando o Senhor teu Deus os (enaquitas) tiver removido da tua presença, *não digas* em teu coração: 'É por causa da minha justiça que o Senhor me fez entrar e tomar posse desta terra'" (Dt 9,4).

No relato da vocação de Jeremias, o Senhor exorta o profeta a não se deixar condicionar pela sua idade juvenil: "*Não digas*: 'sou jovem', mas vai para quem eu te enviar [...]" (Jr 1,7). Dois outros textos proféticos mostram a importância de fazer calar pensamentos e frases que podem suscitar desconforto ou falta de esperança: "*Não diga* o estrangeiro [...]: 'Certamente o Senhor me excluirá do seu povo'" (Is 56,3a); "*Não diga* o eunuco: 'Não passo de uma árvore seca'" (Is 56,3b). Nesses dois últimos textos, o calar auspiciado pelo profeta representa não só um modo novo de pensar, mas também uma visão mais universalista da religião, desde que coincida com a superação da legislação, que excluía da comunidade cultual os eunucos e os estrangeiros (cf. Dt 23,2-9).

Dos livros sapienciais escolhemos dois provérbios que exortam a rejeitar a violência e a vingança: "*Não digas*: 'Vou devolver o mal' [...]" (Pr 20,22); "*Não digas*: 'como me tratou, assim o tratarei'" (Pr 24,29; cf. também Pr 3,28). E enfim, sempre no mundo sapiencial, lembramos também um texto do Eclesiastes: "*Não digas*: 'Por que os tempos passados eram

---

[10] A estrutura gramatical dessas frases é invariavelmente *'al* + *yussivo* 2ª/3ª singular do verbo *'mr*, dizer.

melhores do que os de agora?'" (Ecl 7,10). Esse sábio bíblico, embora pense que o tempo seja uma repetição contínua e monótona, acha que o apego ao passado é algo inútil e prejudicial, porque impede que a pessoa goze plenamente do momento presente.

As ideias e as palavras, que consciente ou inconscientemente repetimos a nós mesmos, têm uma grandíssima eficácia sobre o comportamento humano. Com o passar do tempo, elas podem tornar-se uma verdadeira fonte geradora de convicções e de estilos de comportamento. Continuando a dizê-las, acaba-se acreditando nelas e as interiorizando, de modo tal que condicionam fortemente o nosso agir. Muitas coisas são ditas porque se acredita nelas, mas muitas outras acabam sendo acreditadas e feitas por serem repetidamente ditas. Por isso é importante evitar "dizer" ou "condizer" certas expressões que poderiam orientar uma forma negativa de comportamento, que afasta o homem do ideal de felicidade proposto pelos mestres da sabedoria, ou o desvia dos caminhos do Senhor e da sua vontade.

O silêncio da reflexão

O homem, de modo diferente dos outros seres vivos, vive o silêncio como reflexão, como um entrar em si mesmo. O animal pode escutar a ausência de barulho, mas não pode perceber a si mesmo. O homem pode perceber em silêncio o seu mundo interior, pode perceber interiormente que existe. Quando a pessoa escuta o seu próprio ser, não se debruça sobre o nada, mas sobre o espelho do próprio ser, que é a sua interioridade.

Discernir em silêncio (Gn 24)

Há momentos na vida em que é preciso atingir um grau de conhecimento que vai além de uma simples coleta de dados. Para ir além de um conhecimento desse tipo e para se colocar interrogações mais profundas, exigem-se pausas, reflexões e silêncios. Enquanto se fica num plano meramente superficial, não é necessário calar-se para conhecer em profundidade. Mas quando uma situação exige respostas sapienciais, que influiriam de modo determinante no curso da existência ou dentro de uma dada situação, o homem tem de calar-se, concentrar-se, fazer silêncio para pôr-se interiormente diante daquilo que pretende captar e penetrar em profundidade.

Em Gênesis 24, Abraão ordena ao "servo mais velho de sua casa" (v. 2) que vá à sua terra para buscar uma mulher para Isaac. O servo se põe em viagem para a cidade de Nacor e, perto do "poço, à tarde, na hora em que as mulheres saem para tirar água" (v. 11), reza ao Senhor para ter sucesso na empresa que lhe foi confiada pelo seu patrão e, enfim, estabelece o critério de "discernimento" para decidir, segundo a vontade de Deus, que a moça certa será aquela à qual ele pedir água para beber, e ela, por sua vez, oferecer água não só a ele, mas também aos camelos. O servo conclui a oração dizendo: "Assim saberei que mostraste benevolência para com meu senhor" (v. 14). Mal acabara a oração, chega Rebeca, que se comporta exatamente segundo o critério de discernimento estabelecido pelo servo na oração. Até esse ponto, embora o texto não o diga explicitamente, não é difícil imaginar que antes de tudo a sua oração, mas também a sua reflexão, tinham exigido do servo longos momentos de silêncio.

Pois bem, quando Rebeca age de acordo com a segunda parte do critério de discernimento, isto é, depois de ter dado de beber ao servo e está dando água aos seus camelos, o relato acentua explicitamente a atitude silenciosa do servo de Abraão: "O homem a *observava*[11] *em silêncio*, perguntando-se se o Senhor tinha ou não levado a bom termo a sua missão" (v. 21).[12] Na contemplação silenciosa, embora as condições previstas se tenham cumprido, o servo espera, reflete, procura sintonizar-se com a vontade do Senhor e chega à conclusão de que a moça certa é ela mesmo. O texto relaciona explicitamente o olhar atento e silencioso com o conhecimento. Essa atitude representa o ponto de chegada de uma experiência feita de reflexão, de discernimento e de oração, na qual os momentos de silêncio foram decisivos para perscrutar, ver a fundo, intuir e decidir, sem ficar numa resposta óbvia, banal ou superficial.[13]

---

[11] A forma verbal, *mištā'ēh*, traduzida como "contemplar", se encontra apenas aqui na Bíblia. Tratar-se-ia de uma forma *hitpael* de uma eventual raiz *š'h*, que, pelo contexto, significaria "olhar com atenção", "contemplar"; ou poderia estar correta em *mištā'ēh*, derivada da raiz mais comum *š'h*, "ver, prestar atenção, preocupar-se" (cf. Gn 4,4.5; Ex 5,9; Is 31,1; Sl 39,14; etc.).

[12] Mais tarde o servo contará a Abraão o que acontecera, fazendo referência à sua atividade interior de raciocínio: "eu não acabara de pensar, quando Rebeca saiu com seu cântaro sobre o ombro" (v. 45).

[13] Um caso um pouco diferente é o de Saul. Certo dia Saul não vê Davi sentado à mesa real para comer por ocasião da festa da lua nova. Ele ficou em silêncio. O texto diz

Refletir

O silêncio pode ser também a manifestação exterior que acompanha a reflexão em momentos particularmente densos da vida. Um deles é o tempo que precede o sono, que pode ser vivido simplesmente como parte do ritmo biológico, mas pode também ser um momento privilegiado para fazer silêncio e meditar.

No salmo 4, o salmista exorta os seus adversários a refletir em silêncio: "Tremei e não pequeis, refleti no vosso leito e *calai*".[14] A exortação "refleti" – em hebraico, literalmente, "falai em vossos corações" – nos coloca no âmbito da interioridade e da decisão; a segunda exortação, "calai", é um convite a assumir aquela atitude que permite entrar no mundo interior próprio e que, nesse texto, tem certamente uma nuança de quietude, acentuada pelo fato de que a exortação é dirigida a qualquer um que esteja "em sua cama" (v. 5). O salmista exorta os seus inimigos a ficar em silêncio, para não se deixar dominar pela linguagem violenta e não inventar novas acusações contra ele, mas sobretudo para deixar espaço interior para o mistério de Deus e emendar a própria conduta: "Oferecei sacrifícios de justiça e confiai no Senhor" (v. 6).

No salmo 77 é descrita uma experiência um pouco diferente daquela do salmo 4. O orante, que é precipitado num momento de profunda crise de fé, recusa todo consolo e se põe a recordar a bondade de Deus no passado (v. 4), que paradoxalmente aguça ainda mais a sua dor atual. O

---

expressamente que "o lugar de Davi ficou vazio" (1Sm 20,25), e, dadas as circunstâncias políticas do momento, o fato era significativo para Saul que, há tempo, perseguia encarniçadamente Davi. Na realidade, avisado por Jônatas, Davi fugira para o campo para se proteger das intenções homicidas de Saul (1Sm 20,1-24a). Quando Saul vê a falta de Davi à mesa *"não disse nada"*, e o motivo é simples: "porque pensava: é acidental, ele não está puro" (v. 26). Saul se calava porque raciocinava consigo mesmo, provavelmente para se tranquilizar. O silêncio das palavras corresponde à atividade interior de reflexão. Saul não realiza um verdadeiro ato de discernimento, como no caso do servo de Abraão, mas a sua atitude silenciosa é expressão de um raciocínio interior seu.

[14] A versão da CEI traduz a forma verbal hebraica *dōmû* como "*placatevi* (= acalmai-vos)", visto que o verbo *dmm* pode indicar tanto um estado de passividade como o calar. Apesar disso, é preciso dizer que o silêncio exigido aqui inclui também uma atitude de calma e serenidade (cf. BÁEZ, S. J. *Tiempo de callar y tiempo de hablar*, pp. 26-44).

conflito interior o torna incapaz de falar, enquanto passa a noite sem poder dormir, como se Deus segurasse as suas pálpebras (v. 5). Impossibilitado de falar, o salmista entra silenciosamente no seu próprio mundo interior, reflete, recorda e interroga-se: "Penso nos dias de outrora, os anos longínquos recordo; um canto na noite me volta ao coração; medito, e meu espírito pergunta: O Senhor nos rejeitará para sempre? Nunca mais nos será favorável?" (vv. 7-8).

Não se trata de uma fuga saudosista, de uma evasão para o passado, mas da tentativa de compreender, a qualquer custo, para encontrar algum consolo na lembrança dos grandes feitos de amor que Deus realizou no passado. O silêncio o leva a escutar o seu próprio coração: "Um canto na noite me volta ao coração" (v. 7). Não se diz de qual canto ele fala, mas é claro que o reflete e medita silenciosamente para buscar desesperadamente um eventual significado ou uma possível luz para a situação de escuridão e de incerteza que vive hoje. Silenciosamente chega à pergunta crucial: "O Senhor nos rejeitará para sempre? Nunca mais nos será favorável?". Ele não se resigna ao abandono e ao esquecimento por parte do seu Deus. Refletindo e recordando, no fim consegue viver aquele momento de desconforto e de angústia como um momento de experiência de Deus (vv. 11-16) e compreende que, aconteça o que acontecer, Deus é o mesmo Senhor que no passado "guiava o seu povo como um rebanho, pela mão de Moisés e de Aarão" (v. 21) e pode, portanto, também hoje iluminar e acompanhar os seus fiéis nas situações aparentemente mais absurdas e dolorosas.

Este último salmo mostra não apenas como o silêncio é a porta de entrada para a interioridade e a reflexão, mas também que o ato mais silencioso de todos é exatamente recordar e buscar Deus, estar diante dele. Há um silêncio que não é apenas ausência de palavras, mas é calma e abertura para o mistério, que permitem perceber a presença silenciosa de Deus.

O SILÊNCIO E O SEGREDO

O silêncio da prudência às vezes se apresenta sob a roupagem da discrição, para não deixar saber algo que se sabe. Em determinadas circunstâncias da vida, não revelar algo, evitar falar para manter oculta uma situação ou um dado particular, pode ser expressão de sabedoria, sobretudo se, em relação com esse "segredo", entram em jogo os grandes valores, como a existência ou a dignidade de uma pessoa, a harmonia da convivência, ou então o êxito de um determinado projeto que é considerado de grande importância. Saber conservar um segredo é um gesto de humanidade excelente e de respeito com relação aos outros. No entanto, como teremos ocasião de mostrar, nem sempre um "segredo" deve ficar escondido.

Não revelar um segredo

Não difamar o próximo

Uma primeira manifestação desse silêncio é não divulgar algo que possa causar dano à convivência ou atacar de algum modo a dignidade de outra pessoa. O livro Eclesiástico de fato aconselha: "Não repitas jamais um boato e não sofrerás nenhum dano. Não contes nada nem a teu amigo nem a teu inimigo [...]. Ouviste uma palavra? Morra contigo!" (Eclo 19,7.8.10). Um belo exemplo disso nos oferece Provérbios 11,12-13:

> [12]Quem despreza o seu próximo é sem juízo,
> o homem prudente se cala.
> [13]Quem anda tagarelando revela o segredo,
> é um espírito seguro o que retém o assunto.

O primeiro provérbio (v. 12) contrapõe o homem prudente, que sabe calar, ao homem "sem juízo", literalmente, sem "coração", que no pensamento bíblico é o centro da vida consciente, da razão e da vontade. O último "despreza o seu próximo"; o primeiro, ao contrário, a fim de não desprezar o próximo, se cala. A sua prudência o leva a não falar dos outros com facilidade. O segundo provérbio (v. 13), que parece apresentar um caso de evidente desprezo do próximo, opõe "quem anda fazendo fofoca" à pessoa confiável, que é leal, que possui um "espírito seguro" (*ne'ĕman rûaḥ*). Parece que o provérbio se refere mais à difamação do que à calúnia, já que o termo empregado para descrever o mexeriqueiro, *rākîl*,[1] se encontra em outros contextos com esse mesmo significado (Lv 19,16; Jr 6,28; 9,3; Pr 20,19; Ez 22,9).

O silêncio pode também se tornar uma expressão de respeito e de lealdade para com aqueles que nos oferecem o dom da sua amizade, cujo sinal é exatamente compartilhar segredos. Deus revela os seus segredos aos profetas (Am 3,7), e Cristo aos seus discípulos (Jo 15,5). A amizade se apresenta como um supremo ato de confiança recíproca, que, porém, pode desaparecer por causa da ausência de lealdade e da traição:

> Aquele que revela um segredo perde a confiança
> e não encontrará mais um amigo para o seu coração.
>
> Ama o amigo e sê fiel a ele,
> porém, se revelaste seus segredos, não vás mais atrás dele:
> porque como um homem morre,
> assim morreu a amizade de teu próximo.
>
> Como um passarinho que soltaste de tua mão,
> assim deixaste ir teu amigo, não o capturarás mais.
>
> Não o persigas, ele está longe,
> fugiu de uma armadilha como a gazela.
>
> Pois uma ferida pode cicatrizar,
> uma injúria se perdoa,
> mas para quem revelou o segredo não há mais esperança.
> (Eclo 27,16-21)

As imagens que o Eclesiástico traz do mundo da caça, ou seja, dos animais indefesos que fogem para salvar-se – o pássaro que escapa do homem, a gazela que foge da armadilha –, representam aquele que, tendo sido traído e perdido por isso a confiança no amigo, se afasta dele irremediavelmente.

---

[1] O substantivo *rākîl* provém da mesma raiz de *rōkēl*, que designa o vendedor ambulante, o comerciante, o que trafica mercadoria (1Rs 10,5; Ez 17,4; 27,3; Ne 3,32; etc.).

Não expor um projeto ao fracasso

Quando uma pessoa está fortemente envolvida num projeto e quer levar avante determinados planos, que considera de grande importância, não revelar nenhum pormenor pode ser decisivo para alcançar mais ou menos êxito. Limitamo-nos a recordar algumas passagens bíblicas nas quais esse tipo de silêncio é ilustrado.

Abrão

Abrão, por exemplo, quando chega ao Egito, pede a Sarai que não diga que é sua mulher, mas sua irmã, e manifesta os seus motivos: "para que me tratem bem por causa de ti e, por tua causa, me conservem a vida" (Gn 12,13). O faraó, ferido pelo Senhor porque tomara Sarai como sua mulher, censura Abrão: "Que me fizeste? Por que não me declaraste que ela era tua mulher?" (Gn 12,19). O texto quer mostrar que, naquela situação, na qual o futuro e a descendência do patriarca parecem estar em perigo, não será o silêncio astuto de Abrão e Sarai que superará as circunstâncias difíceis, mas a intervenção direta de Deus (Gn 12,10-20; cf. Gn 20; 26,1-11).

Abigail

Outro exemplo em que se cala sagazmente para não revelar os seus planos, e assim estar em condições de levá-los adiante sem obstáculos, encontra-se no relato de Abigail e seu marido Nabal (1Sm 25). Davi estava furioso contra Nabal, a quem os seus homens tinham tratado bem no passado, porque este se recusara a ajudá-lo com os seus bens (vv. 1-13). Abigail, avisada por um servo do acontecido, decide ela mesma levar grande quantidade de comestíveis a Davi, "mas não disse nada ao marido Nabal" (v. 19). No relato, Abigail é apresentada como uma mulher sábia. Com os seus dons pretende aplacar a ira de Davi e convencê-lo a desistir dos seus propósitos de vingança, e com o seu silêncio, não revelando os seus planos, demonstra que age de modo independente e consciente, que compreendeu o que é certo fazer naquele momento e que desaprova e se dissocia da atitude tola do marido.[2]

---

[2] Cf. COSTACURTA, B. *Con la cetra e con la fionda. L'ascesa di Davide verso il trono.* Roma: 1994, pp. 124-125.

Ester

Podemos lembrar também a história de Ester, que, depois de ter sido escolhida entre as jovens para se tornar rainha, é aconselhada pelo tio Mardoqueu a conservar em segredo a sua ascendência hebraica para a corte do rei Assuero. Pelo menos por duas vezes o relato acentua o silêncio de Ester. "Ester não declarou nada nem do seu povo nem da sua linhagem, pois Mardoqueu lhe ordenara que não o declarasse" (Est 2,10); "Ester não revelara nem sua linhagem nem seu povo, como lhe ordenara Mardoqueu, cujas instruções continuava a observar" (Est 2,20). Tal comportamento não é apenas determinante no nível narrativo para levar adiante a trama do conto,[3] mas também porque é uma manifestação de sabedoria e um reflexo da presença silenciosa de Deus naquela história.[4]

Ester que, graças à sua beleza, é escolhida pelo rei persa Assuero e coroada rainha, embora passe a fazer parte da corte, com o seu silêncio continua a estar ligada ao seu povo e ao seu Deus e colabora ativamente com a providência divina que protege o povo eleito. O silêncio de Ester parece ser um eco da presença escondida de Deus na história. Um traço característico e surpreendente na versão hebraica do livro de Ester é o do silêncio absoluto sobre Deus que, no texto hebraico, nunca é mencionado explicitamente.[5] Observa-se um silêncio semelhante no que diz respeito às grandes instituições judaicas: o templo, o rei, o sacerdócio, o sábado etc. Exatamente esse "silêncio" está a serviço de uma das chaves teológicas do

---

[3] Parece que esse silêncio pertence mais aos expedientes narrativos de um livro que, na realidade, a um conto fictício, pois é totalmente inverossímil que detalhes como esses pudessem chegar aos criados do palácio (cf. Est 2,2) (cf. PATON, L. B. *The Book of Esther. A Critical and Exegetical Commentary*. International Critical Commentary 14. Edinburgh: 1908, p. 175).

[4] É interessante o comentário de A. Neher sobre o tema da ausência do nome de Deus no livro de Ester: "É difícil saber – e a intenção do texto bíblico é evidentemente introduzir-nos no coração mesmo dessa dificuldade – se tal ausência quer ser apenas o sinal de uma presença demasiado incandescente para ser expressamente evocada ou se, ao contrário, deve sugerir a indiferença de um Deus que deseja que os homens a resolvam sozinhos" (NEHER, A. *L'esilio della Parola*, p. 36).

[5] Sobre a problemática do texto do livro de Ester, que chegou a nós na versão original hebraica e em várias versões gregas e latinas, cf. VÍLCHEZ LÍNDEZ, J. *Rut ed Ester*. Roma: Borla, 2004, pp. 131-140.

livro, que é mostrar como Deus, de modo oculto, protege o seu povo e age misteriosamente a favor da sua sobrevivência.

Mas o silêncio nunca tem um valor absoluto. A Ester, que até então havia silenciado a sua origem judia, segundo as indicações do próprio Mardoqueu, no momento em que se agrava a situação do seu povo por causa das intenções de Amã de eliminar os judeus, o próprio Mardoqueu pede a ela que interceda junto ao rei, convidando-a a refletir muito seriamente sobre a sua condição e exortando-a a "falar". Se não agir, também ela pode morrer: "Se te obstinares a calar agora, de outro lugar se levantará para os judeus salvação e libertação, mas tu perecerás junto com a casa de teu pai. E quem sabe se não teria sido em vista de uma circunstância como esta que foste elevada à realeza?" (4,14).

Ao "silêncio", com o qual se conservou o segredo da sua identidade judia e conseguiu tornar-se rainha, se enlaça agora a obrigação solidária de "falar", denunciando os planos homicidas que são tramados contra o seu povo. Se agora decidir calar-se e esconder a sua identidade protegendo-se atrás dos muros do palácio, no fim morrerá também ela junto com todos os seus parentes; se falar, pode dar início à libertação do povo.[6] Com o seu silêncio ela se tornou rainha do império persa, com a sua palavra é chamada a agir como salvadora do povo de Deus.

Neemias

O capítulo 2 do livro de Neemias descreve outro caso de segredo mantido em silêncio a fim de cumprir os projetos divinos. Depois de ter rezado a Deus e ter obtido o consentimento do rei Artaxerxes (vv. 1-8), Neemias viaja para Jerusalém a fim de realizar o seu grande desejo de reconstruir a cidade (v. 11). Tendo chegado a Jerusalém, faz uma inspeção dos muros e das ruínas da cidade e de suas cercanias, durante três noites sucessivas. O texto sublinha o caráter silencioso da inspeção de Neemias com a tríplice indicação temporal "de noite" (vv. 12.13.15). Provavelmente quer certificar-se da possibilidade da reconstrução, mas faz tudo em segredo e com discrição, a ponto de, embora se faça acompanhar por algumas pessoas, no v. 12 confessar: "Levantei-me de noite, acompanhado de alguns homens,

---

[6] Ibidem, p. 233.

sem ter revelado a ninguém o que meu Deus me havia inspirado fazer por Jerusalém".

Neemias tem em mente os planos de Deus, mas não diz nada a ninguém, nem mesmo às autoridades: "Os magistrados não sabiam onde eu tinha ido nem o que fizera. Até então *nada tinha comunicado* nem aos sacerdotes, nem às autoridades, nem aos magistrados ou a quaisquer encarregados das obras" (v. 16). Neemias se cala certamente porque percebeu que não é o momento certo para falar de semelhante projeto. Nada diz sequer às autoridades da cidade, talvez porque não sentissem a necessidade de reconstruir a cidade ou achassem que aquela empresa fosse impossível, e comunicar a elas os seus planos podia se tornar um grave obstáculo para realizá-los. Quase certamente Neemias deve ter concluído que a reconstrução era possível e assim, quando ficou seguro de obter o apoio necessário, revelou o seu projeto, animando todos a iniciar a reconstrução dos muros da cidade (vv. 17-18).[7]

Os primeiros dois casos apresentados, o de Abrão e o de Abigail, são exemplos de sabedoria e de astúcia humana, em que o sucesso depende de conservar ou não um segredo; os outros dois casos, o de Ester e o de Neemias, mostram como os caminhos do Senhor nem sempre são os do anúncio fragoroso e da palavra que aparece, mas são também os da discrição, do segredo e do silêncio confiante.

Dizer sem dizer

Há casos em que se esconde uma situação não mediante o silêncio propriamente dito, mas empregando uma linguagem velada, com a qual se fala sem comunicar, se diz sem dizer. Em 1Sm 19,11-17, Micol coloca sobre a cama uma estátua de ídolo coberta e desce Davi pela janela para enganar os emissários de Saul; em 2Sm 17,17-21 uma mulher de Baurim esconde Aquimaás e Jônatas quando os enviados de Absalão os procuravam, colocando-os num poço e cobrindo-os com uma coberta e grãos debulhados. Nos dois casos as mulheres salvam a vida de alguém, falando

---

[7] Outro exemplo está em 1Sm 10,16, quando Saul volta à casa do tio, depois de se ter encontrado com Samuel e ter sido consagrado por ele, e não responde à pergunta do tio que quer saber o que aconteceu, conservando em silêncio o seu "segredo".

sem dizer, sem comunicar, respondendo com astúcia a uma pergunta que procura motivos para matar.

Um caso semelhante é contado em Jr 38,14-28, durante o último encontro entre Jeremias e o rei Sedecias. O momento é decisivo porque tudo acontece durante o cerco do exército babilônio a Jerusalém, e a conversa entre o rei e o profeta poderia decidir a sorte do povo e do monarca. Num primeiro momento, Sedecias parece disposto a ouvir o profeta e seguir as indicações de Deus numa circunstância tão trágica: "Quero fazer-te uma pergunta, não me escondas nada" (v. 14). O rei até tranquiliza Jeremias, que teme ser morto por ele se lhe revelar a verdade (vv. 15-16). O profeta não tem uma nova revelação para o rei, reitera a ele o que já lhe dissera várias vezes antes, ou seja, que a única via de salvação é render-se aos babilônios (v. 17; cf. Jr 27,12). O rei tem medo de ser entregue nas mãos dos judeus que passaram para o lado dos babilônios, está condicionado demais pelas preocupações de oportunidade política e de equilíbrio das forças em jogo, para poder agir livremente. Não está disposto a obedecer ao profeta, prefere proteger-se com o escondimento e a dissimulação, e promete defender Jeremias com a condição de ele ficar em silêncio, sem revelar nada daquela conversa às autoridades de Jerusalém, pedindo-lhe que dê uma versão diferente dos fatos (vv. 25.26).

O profeta obedece exatamente ao rei: "Quando todos os chefes vieram a Jeremias para interrogá-lo, ele respondeu-lhes como o rei ordenara. Então o deixaram em paz, pois a conversa não fora ouvida" (v. 27). Jeremias fala, sem dizer; diz, sem comunicar. Como profeta que é, ele é chamado a falar, mas desta vez se cala. Não revela o segredo daquela conversa histórica com o último rei de Judá. O seu silêncio tacitamente aquiescente só pode ser interpretado como um ato de obediência ao rei, ou de compaixão num momento em que não há mais escapatórias.

Silêncio e aliança (Js 2,1-24)

O exemplo que melhor ilustra o silêncio de que acabamos de falar é o capítulo 2 de Josué.[8] O relato é um belíssimo exemplo de uma aliança feita com o compromisso recíproco de um silêncio que procura conservar um

---

[8] Para um estudo mais acurado desse relato, cf. BÁEZ, S. J. *Tiempo de callar y tiempo de hablar*, pp. 120-121.

segredo para salvar a própria vida e a do outro. Josué 2 é a narração com que inicia a história da conquista da terra prometida registrada no livro de Josué. O núcleo do texto parece muito antigo, e não há motivo para pôr em dúvida a unidade literária do conjunto, apesar de algumas tensões internas que o texto apresenta.

Raab não denuncia os espiões (Js 2,1-7)

Josué, filho de Nun, enviou de Setim, secretamente, "dois homens como espiões" com esta ordem: "Ide, examinai a terra de Jericó" (2,1a). Os dois homens enviados por Josué "foram e entraram na casa de uma prostituta chamada Raab e se hospedaram aí" (2,1b).

O relato não dá nenhuma explicação sobre o motivo que levou os exploradores à casa de Raab.[9] Em todo caso, é uma ideia genial para não serem notados. A discrição sobre o fato se une ao anonimato. Era muito fácil ficar escondido numa casa onde entravam e saíam tantos estrangeiros. Mas logo em seguida se afirma que os homens de Josué foram notados. Foram descobertos e denunciados ao rei de Jericó: "Anunciou-se ao rei de Jericó: Eis que alguns dos filhos de Israel vieram aqui esta noite para espionar a terra" (2,2).

À palavra delatora que chegou ao rei e que permanece anônima se oporá, em seguida, a palavra de Raab que esconde e protege os dois estrangeiros. O rei manda dizer a Raab (v. 3): "Faze sair[10] os homens que vieram a ti e que entraram na tua casa, porque vieram para espionar toda a terra". Os dois homens são formalmente acusados de espionagem, motivo pelo qual se exige a sua prisão para garantir um processo judicial. A mulher,

---

[9] O fato suscitou diversas interpretações: procuravam hospitalidade; era um lugar que podia facilitar a sua missão; Raab e os espiões se conheciam antes; uma casa de prostituição era um ótimo lugar para obter informações; era natural uma relação de simpatia entre alguns estrangeiros e uma mulher proscrita pela sociedade; os espiões vindos do deserto procuravam apenas prazer e um pouco de comodidade da cidade; procuravam um lugar para não serem suspeitos e poder escapar em caso de necessidade (cf. BÁEZ, S. J. *Tiempo de callar y tiempo de hablar*, p. 121).

[10] É significativo o uso do verbo *ys'* no *hifil*, termo técnico do mundo jurídico, que pertence à fórmula de custódia do culpado (cf. BOECKER, H. J. *Redenformen des Rechtslebens im Alten Testament*. Wissenschaftliche Monographien zum Alten und Neuen Testament 14. Neukirche: 1964, ²1970, pp. 21, 75).

certamente, admite que os homens chegaram à sua casa (4a), mas ao mesmo tempo nega conhecer a procedência deles (4b): *"eu não sabia* de onde eram". Afirma que já tinham ido embora quando ficou escuro e estavam para ser fechadas as portas da cidade (v. 5a), mas nega conhecer o seu destino (5b): *"não sei* para onde foram".

Quando chegam os mensageiros do rei, exigindo a entrega dos espiões, Raab os esconde (v. 4a): "a mulher tomou os dois homens e os escondeu". O v. 6 repete a mesma informação, acrescentando o lugar do esconderijo: "ela, porém, os fizera subir ao terraço e os escondera entre as canas de linho que aí tinha empilhado". Não só esconde os homens de Josué, mas também indiretamente convida os mensageiros reais a persegui-los sem demora, o que eles fazem, confiando na sua informação, dirigindo-se para o Jordão, enquanto as portas da cidade são fechadas atrás deles[11] (v. 7).

Em sentido estrito, Raab não ficou em silêncio diante dos mensageiros do rei, nem se recusou a responder. Mas todo o seu discurso está orientado para proteger um segredo. Encontramo-nos diante de um duplo nível de ocultação: trata-se de esconder algo, sem deixar saber que se trata de um segredo. Por duas vezes Raab afirma não saber (*lō' yāda 'tî*) e se limita, em grande parte, a repetir as afirmações dos enviados reais. Enquanto fala, comunica muito pouco. Não revela nada sobre os espiões escondidos na sua casa. O seu discurso é um bom exemplo do uso de uma linguagem velada a fim de conservar um segredo. Raab não está em silêncio, mas fala sem chegar a revelar. É uma comunicação verbal que realmente está procurando manter em silêncio alguma coisa e por isso pode ser considerada como uma modalidade de silêncio. Com a sua atitude, Raab arrisca a vida e protege os israelitas, tornando-se, de certo modo, espiã com os espiões. Oculta a verdade com astúcia, finge e engana os homens do rei.

---

[11] Na sua resposta, Raab tinha dito: *"havendo de fechar-se a porta* da cidade, à noite, eles saíram" (v. 5); no v. 7 se afirma dos homens do rei: "perseguiram-nos no caminho dos vaus do Jordão e *fechou-se a porta"*. O motivo da porta fechada prepara o hábil estratagema com que se concluirá o conto: a fuga pela *janela*.

Raab fala com os espiões e faz um pacto com eles (vv. 8-24)

Quando os enviados do rei saíram, Raab, no seu diálogo com os espiões, no terraço da sua casa, explica as razões do seu gesto (vv. 9-11).[12] As primeiras palavras pronunciadas por ela resumem bem o seu discurso (v. 9): "Sei que o Senhor vos deu esta terra". O que ela *sabe* (*yāda'tî*) do Senhor é o que a impeliu a dizer por duas vezes que *não sabe* de onde vêm e para onde foram aqueles homens (v. 5). Confessa que o terror invadiu os habitantes da região ao ouvir que o Senhor secara as águas do mar Vermelho diante dos israelitas e o que fizeram contra os reis Seon e Og no outro lado do Jordão.

Raab conhece um segredo (a decisão divina de dar a terra aos israelitas) e também os espiões conhecem esse segredo; mas ela lhes revela algo que eles não sabem: o medo dos habitantes, declarando assim que a verdadeira causa do pânico que tomou todos é a soberania absoluta do Deus de Israel (v. 11): "porque o Senhor vosso Deus é Deus tanto em cima nos céus como embaixo na terra".[13] Raab demonstra ser uma pessoa cheia de sabedoria: à luz do que o Senhor fez na história, soube habilmente manter o silêncio acerca da presença dos espiões de Josué, compreendendo que não devia divulgar o segredo; além disso, mostrou uma linguagem notoriamente persuasiva tanto diante dos enviados do rei de Jericó (vv. 4-5) como diante dos israelitas (vv. 9-13).

---

[12] O discurso de Raab (vv. 9-11) parece inspirado na temática das antigas profissões de fé de Israel (Dt 26,5b-9; Js 24,2b-13). (Cf. Noth, M. *Das Buch Josua*. Handbuch zum Alten Testament 7. Tübingen: ³1971, pp. 29-30).

[13] Alguns autores acham que o modo de agir de Raab foi fruto de uma autêntica confissão de fé (cf. McCarthy, D. J. "The Theology of Leadership in Joshua 1–9". *Biblica* n. 52, 1971, p. 173); outros sublinham que o seu comportamento não corresponde à imagem estereotipada de uma prostituta e que o interesse próprio e a afinidade de classe social com os espiões não explicam totalmente a sua ação (cf. Bird, P. "The Harlot as Heroine: Narrative Art and Social Presupposition in Three Old Testament Texts". *Semeia*, n. 46, 1989, pp. 129-133. Parece-nos mais em consonância com o relato aceitar que seja difícil determinar no contexto se as palavras de Raab são fruto da fé ou do medo. O que parece certo é que ela crê no que diz e que passa diretamente da convicção para a ação (cf. Rossier, F. *L'intercession entre les hommes dans la Bible hébraïque. L'intercession entre les hommes aux origines de l'intercession après de Dieu*. Orbis Biblicus et Orientalis 152. Göttingen: 1996, p. 66).

Depois Raab pede aos espiões, sob juramento (*šb'*), que, quando o Senhor lhes entregar a terra, tratem a ela e a sua família como ela os tratou (vv. 12-13). Trata-se de uma forma de intercessão, pela qual Raab procura garantir a vida da sua família, no contexto de uma aliança recíproca. Os espiões se comprometem com Raab aceitando o pacto: "Os homens disseram-lhe: a nossa vida responderá pela vossa (literalmente: a nossa vida no lugar da vossa para a morte)" (v. 14). Empenham a própria vida, e o juramento deles adquire a forma de uma automaldição no caso de a aliança não ser respeitada.

Os espiões, por sua vez, exigem de Raab (v. 14): "Se não denunciares a nossa missão, quando o Senhor nos der a terra, usaremos de misericórdia e lealdade para contigo". Ao pedido de Raab corresponde uma exigência da parte dos homens de Josué: Raab deverá conservar o silêncio. Essa condição poderia indicar a intenção dos espiões de restringir a isenção do anátema apenas para a família de Raab. Impõe-se a Raab, como condição, que mantenha a máxima reserva sobre a questão com o silêncio. A exigência é importante na lógica da narração, dado que os espiões, quando estão fugindo pela janela, ajudados por Raab (vv. 15-21), lembram de novo a ela, desta vez em forma positiva (v. 20): "Mas se denunciares esta nossa missão, estaremos livres do juramento que nos fizeste prestar".

O silêncio pedido a Raab é a condição do pacto; o compromisso de manter o segredo é garantia da aliança. Foi ela mesma que decidiu esconder os espiões dos enviados do rei de Jericó e não denunciá-los. Com uma linguagem velada salvou a vida deles. Também no futuro, para salvar a própria vida e a da sua família, deverá continuar a manter a sua posição de silêncio e de segredo, de colaboração e cumplicidade com os israelitas. Finalmente, eles acrescentam duas condições ainda a Raab: atar um cordão escarlate à janela[14] e reunir toda a sua família na casa (v. 18). Raab aceita todas as condições (v. 21): "Ela respondeu: que seja de acordo com as vossas palavras". Os espiões escapam ajudados por Raab, seguem o seu conselho de se esconderem nas montanhas durante três dias (cf. v. 16) e, finalmente, voltam a Josué, a quem informam sobre a situação favorável,

---

[14] A relação com Ex 12,13 é evidente, dado que o cordão, como o sangue com que os israelitas no Egito marcaram o umbral das portas durante a última praga, protege a casa e aqueles que nela moram.

confirmando-lhe que o Senhor colocará a terra nas mãos dos israelitas (vv. 22-24).[15]

Quando é obrigatório não se calar

Há fatos que devem ser revelados quando se quiser ficar do lado da justiça. Um crime deve ser denunciado. O pacto de silêncio não favorece a construção de uma convivência social sobre a verdade e o direito. São, sobretudo, os profetas que sentem a exigência de "não se calar", de não permanecer em silêncio, como expressão da sua fidelidade a Deus que os escolheu para falar no seu nome.

Num processo perante um juiz, pode dar-se o caso de um testemunho reticente, ou seja, alguém que conhece os fatos e poderia relatar o desenrolar real das coisas, mas não o faz por medo de ser envolvido numa situação vergonhosa ou porque é cúmplice do crime cometido. Há dois textos bíblicos que fazem referência a isso: "Alguém escuta a imprecação, e é testemunha, porque viu e sabe; se não denuncia, leva sobre si a iniquidade" (Lv 5,1); "O cúmplice do ladrão odeia a si próprio, ouve a imprecação, mas não o denuncia" (Pr 29,24). A imprecação, da qual se fala nos dois textos, poderia fazer referência ao magistrado que esconjura os presentes com uma espécie de maldição em nome de Deus, a fim de que quem sabe algo o declare publicamente, ou poderia tratar-se do próprio réu que pronuncia sobre si um juramento que teria o efeito de desculpá-lo. Em Pr 29,24 se descreve uma situação real de cumplicidade, na qual o silêncio da *omertà* [lei do silêncio] é julgado como ódio contra si mesmo, pelo fato de que a testemunha, ao permanecer em silêncio, expõe a própria vida ao poder da maldição divina.

Sempre no âmbito jurídico, é significativa a instrução sapiencial que a mãe dirige ao seu filho, futuro monarca, em Pr 31,8-9: "Abre a tua boca em favor do mudo, em defesa dos abandonados; abre a boca e julga com

---

[15] De novo volta a aparecer o motivo do "segredo": os espiões se escondem na montanha. Por outro lado, os comentadores fazem notar que o conteúdo da informação dos espiões no v. 24 reflete as mesmas palavras de Raab na sua declaração dos vv. 9-11. A informação retoma as palavras de Raab. Os espiões, de fato, não espionaram o território; mas se contentaram em ouvir uma testemunha, na qual reconheceram a voz de Deus, como se Raab tivesse pronunciado um oráculo.

justiça, defende o pobre e o indigente".[16] Os "mudos" são os pobres e os marginais que vivem em condições precárias na sociedade e cuja voz não é ouvida. O rei há de exercer o seu poder com responsabilidade e justiça, sobretudo erguendo a voz a favor dos pobres, que frequentemente são impotentes diante dos mecanismos de corrupção dos processos judiciais.

Os chefes do povo e os profetas que, devendo erguer a sua voz em nome de Deus na sociedade, se calam e não cumprem a sua missão, são chamados de "cães mudos, incapazes de latir" (Is 56,10). Em Is 62, porém, se descreve poeticamente a missão de um profeta, decidido a não se calar enquanto não despontar a salvação para Jerusalém: "Por amor de Sião não me calarei, por amor de Jerusalém não descansarei" (Is 62,1). O profeta está decidido a proclamar sem parar as promessas de Deus, mesmo quando os fatos históricos parecem obscurecer os projetos divinos (Is 62,2-4).

Sem se isolar, esse profeta associa outros à sua missão, que terão uma tarefa dupla: por um lado, lembrar continuamente o povo das promessas do Senhor: "Sobre os teus muros, ó Jerusalém, postei guardas, eles não se calarão nem de dia nem de noite" (Is 62,6); por outro lado, recordar continuamente a Deus as suas palavras, com uma incessante oração de intercessão: "Não lhe concedais descanso enquanto ele não estabelecer firmemente Jerusalém" (Is 62,7).[17] A palavra profética e a palavra orante se deixam ouvir por homens e por Deus para iluminar a história.

---

[16] Sobre os diversos problemas de tradução desses versículos, cf. BÁEZ, S. J. *Tiempo de callar y tiempo de hablar*, p. 59.

[17] Cf. KESSLER, W. *Gott geht es um das Ganze. Jesaja 56–66 und Jesaja 24–27*. Botschaft des Alten Testaments 19. Stuttgart: 1960, p. 69; BONNARD, P. E. *Le Second Isaïe. Son disciple et leurs éditeurs. Isaïe 40–66*. Paris: Études bibliques, 1972, p. 429.

O SILÊNCIO DIANTE DO MISTÉRIO

Se, por um lado, é legítimo que o homem se interrogue sobre as leis naturais que regem o cosmo, sobre o sentido global da própria existência e sobre o confuso e perene devir da história, por outro lado, o mesmo homem experimenta os próprios limites e se dá conta da sua incapacidade radical de conhecer tudo e de explicar tudo. A realidade, mesmo se intuída na sua existência e no seu significado, mostrou que não podem ser definidos com clareza total. O homem em busca, fascinado e admirado por tudo o que a razão, a ciência e os seus instrumentos de observação revelam, amedrontado e desanimado com a sua pequenez em relação às dimensões do universo, deixa emergir algumas interrogações que se estendem ao porquê, ao significado último de tudo isso e, em particular, ao sentido do seu ser neste mundo, com a curiosidade e a avidez de saber e com a angústia diante do desconhecido.[1]

Diante dessas perguntas não bastam mais as linguagens humanas da lógica, da racionalidade, da medida e do cálculo matemático. Muitas vezes o homem é obrigado a calar-se. Está em silêncio diante do mistério. Um silêncio que fala daquilo que não pode ser dito e explicado em linguagem humana, que "exprime a atitude existencial de aceitação do entrelaçamento e do enredo misterioso dos eventos que caracterizam a vida humana, colocando-a muitas vezes sob o sinal do trágico e de uma carga de dor insuportável".[2]

O silêncio diante do desconhecido alimenta no homem o sentido e o gosto do infinito, justamente do mistério, no qual então o pouco que sabemos adquire um sentido, uma direção, uma identidade modesta, mas suficiente para a nossa caminhada cotidiana. Essa atitude faz crescer o

---

[1] Cf. MARTINI, C. M. "Una riflessione". In: MARTINI, C. M. (ed.). *Orizzonti e limiti della scienza. Decima cattedra dei non credenti.* Milano: Raffaello Cortina, 1999, p. 154.

[2] ZUCAL, S. *Romano Guardini filosofo del silenzio.* Roma: Borla, 1992, pp. 191-192.

nosso respeito pelo cosmo, pelos outros, por nós e nos predispõe também a aceitar o mistério do tempo, da história e, enfim, o mistério de Deus.[3]

A aceitação dos limites do próprio saber (Jó 13,1-19)

Jó 13,1-19 permite que reflitamos sobre uma dimensão "sapiencial" do silêncio, que se apresenta quando alguém se cala porque reconheceu a verdade do outro, ou chega a aceitar a incompreensibilidade do mistério que supera a própria capacidade racional. Em ambos os casos, calar-se significa admitir o limite do próprio saber e a insuficiência do próprio raciocínio. O texto faz parte dos capítulos 12-14, com os quais se conclui o primeiro ciclo dos discursos do livro de Jó.[4] Jó ataca duramente os amigos, acusando-os de serem falsos e convidando-os a ficarem em silêncio. Decide abandonar a discussão teórica com eles, para sustentar um confronto jurídico diretamente com Deus; está disposto a arriscar a vida e chegar às últimas consequências, defendendo a sua inocência diante de Deus e correndo, portanto, o risco de ser reduzido ao silêncio por ele, caso saísse perdedor no litígio.

Os amigos de Jó são convencidos a falar em favor de Deus. Eles pretendem falar em nome de Deus, mas não fazem outra coisa que repetir as doutrinas tradicionais sobre a justiça de Deus e a sua imparcialidade retributiva, sugerindo várias explicações para os acontecimentos trágicos que desabaram inexplicavelmente sobre Jó. Jó, ao contrário, os considera charlatães que procuram inutilmente defendê-lo: "Vós sois apenas embusteiros, todos vós meros charlatães" (v. 4). Os amigos, de fato, procuraram esconder a verdade do drama de Jó apresentando raciocínios com conclusões falsas, seja para preservar a justiça divina, seja para conservar a integridade da tradição teológica baseada no princípio da retribuição. Ignoram o sofrimento do inocente, seus raciocínios não são honestos porque não estão fundados na realidade, esforçam-se mais para elaborar discursos, que se revelam inadequados e inúteis diante do drama de Jó. Eles são, de fato, como médicos incapazes que não compreendem a doença, nem podem curá-la.

---

[3] Cf. MARTINI, C. M. *Il silenzio. Le frontiere dello spirito*. Casale Monferrato: Piemme, 1993, pp. 14-15,

[4] Cf. CLINES, D. J. A. *Job 1–20*. Word Biblical Commentary 17. Dallas: Word Books, 1989, pp. 285-288.

Quando calar-se é um ato de sabedoria

Para os amigos de Jó, os seus discursos são o corretivo da teologia errônea de Jó. Para este, porém, a melhor coisa que eles poderiam fazer seria calarem-se: "Se, ao menos, calásseis, tomar-vos-iam por sábios!" (v. 5). Há casos, como o de Jó, diante dos quais a sabedoria humana não tem nada de sensato a dizer. Para ele, quando os amigos se dão conta de que o seu discurso "teológico" fracassou e chegou ao limite das próprias possibilidades, não resta outra coisa que o silêncio. Em alguns casos, a sabedoria se revela no calar-se, na aceitação de não saber.

Para os amigos de Jó, continuar a falar é fechar-se num discurso enganoso e inadequado. Só calando-se, ou seja, aceitando o próprio limite e relativizando o valor da sua doutrina, os amigos poderão superar o discurso tolo e inútil e chegar a adquirir a verdadeira sabedoria. É muito mais sábio ficar em silêncio do que falar como eles.

Jó decide enfrentar Deus diretamente, assumindo a sua dor. A sua escolha é mais sábia do que a atitude dos amigos, que se comprometem com um discurso teológico demasiado seguro de si. Quando o discurso humano diz respeito a Deus e ao seu agir transcendente, a sabedoria autêntica é aquela que aceita os seus limites e se cala, reconhecendo a dimensão obscura e incompreensível do mistério (cf. Pr 16,1-2.9; 19,14.21; 21,30-31).[5]

Jó lança contra os seus amigos o fato de que, falando como falam, de algum modo ignoram a majestade de Deus: "Não vos atemoriza a sua majestade? Não desce sobre vós o seu terror?" (v. 11).[6] O mistério da grandeza e do terror da majestade de Deus deveria condicionar as suas palavras. Eles não deveriam calar-se, em vez de proferir discursos com a pretensão de limitar Deus a um esquema teológico? Segundo Jó, numa eventual futura intervenção divina, Deus poderia censurá-los pelo modo como pretendem inutilmente defendê-lo (vv. 7-10). Diante do agir divino, todo o ensinamento dos amigos, baseado na teologia tradicional, é sem valor, como a cinza; e, diante da evidência da verdade, resulta frágil e se despedaça como um vaso de barro (v. 12). As palavras dos amigos demonstraram ser

---

[5] Ibidem, p. 307.

[6] O sintagma "o terror pesa sobre alguém" referido a Deus ocorre em Ex 15,16; 1Sm 11,7; Sl 105,38; Est 8,17, e indica a ação e o efeito do medo que a presença e a ação de Deus produzem sobre o homem, como algo que o invade sem lhe deixar saída.

inconsistentes, como cinza e barro, dado que com elas não conseguem fornecer uma explicação satisfatória nem para a situação que Jó sofre, nem para a própria lógica da ação de Deus na história.

Sou eu quem fala, haja o que houver

Depois dessa dura crítica aos amigos e à sua teologia (vv. 4-12), Jó torna a manifestar a sua decisão de dirigir-se diretamente a Deus (cf. v. 3), desejando que os amigos não o interrompam enquanto fala: "Calai-vos diante de mim. Falarei eu, venha sobre mim o que vier" (v. 13).

Esse renovado chamado ao silêncio dos amigos apresenta uma nova nuança. Ele é a condição necessária para que Jó possa dizer a sua palavra e para que possam escutar a sua perigosa argumentação diante de Deus. Um motivo importante nestes versículos é constituído pelo ato de escutar (vv. 6.17).[7] Os amigos devem calar-se para deixar Jó falar, para escutá-lo e compreender realmente o que lhes quis dizer. Deverão comportar-se como testemunhas mudas no debate judiciário que está para iniciar e comparar o seu discurso com a evidência da realidade expressa nas razões de Jó.

O texto destaca o desejo de Jó de falar diretamente a Deus: "Mas eu falarei ao Todo-poderoso" (v. 3a); "Falarei eu, venha sobre mim o que vier" (v. 13). Trata-se de um verdadeiro "litígio judicial" com Deus, como evidencia o vocabulário do texto: "desejo *discutir* (*ykḥ*)" (v. 3); "Escutai agora a minha defesa (*tôkaḥat*) e prestai atenção à *queixa* (*rîb*) dos meus lábios (v. 6); quero apenas defender (*ykḥ*) diante dele a minha conduta" (v. 15b). "Estou preparado para o processo (*mišpāṭ*), estou convencido de que serei declarado inocente (*ṣdq*)" (v. 18).

Jó decide, pois, enfrentar pessoalmente Deus num litígio judiciário bilateral, ou seja, num *rîb*, quer dizer, numa controvérsia que se cria entre duas partes em questões de direito.[8] Ele espera que Deus não deixe de atender ao seu pedido e promete comparecer diante dele (vv. 20-21). Além disso, a querela judicial de Jó não é na realidade uma condenação em relação a Deus. Toda a sua discussão com ele está orientada para a busca do

---

[7] O verbo "escutar" (*šm'*), no imperativo, ocorre duas vezes (vv. 6.17).

[8] Cf. Bovati, P. *Ristabilire la giustizia*, pp. 21-26, 27-148; Clines, D. J. A. *Job 1–20*, p. 337.

encontro pessoal, através de um diálogo que permita que Deus se revele exatamente como Deus e diga a sua palavra: "Fala e eu responderei, ou falarei eu e tu me replicarás" (v. 22).

Jó não deseja calar-se nem mesmo diante da possibilidade de morrer pela mão de Deus: "Ainda que me mate, nele esperarei" (v. 15).[9] Até na eventualidade de Deus lhe tirar a vida, Jó não está disposto a ficar passivo em silêncio, mas continuaria a falar e a afirmar a sua irrepreensibilidade diante de Deus (v. 15b), visto que tem uma consciência clara da sua inocência (v. 18). Exatamente por isso, Jó exige que se faça justiça, mas está disposto a mudar a sua atitude, depois de ter ouvido o que Deus tem a lhe dizer (v. 22). Jó protesta e acusa Deus, mas não o condena. Certamente sabe ser justo, mas deixa uma margem para o mistério da ação divina. É exatamente ao admitir um eventual silêncio de sua parte, na medida em que prevê a possibilidade de calar-se no futuro depois de ter ouvido a sua disputa, que o seu discurso se revela sensato e justo: "Quem vai acusar-me? Calar agora seria morrer" (v. 19).

Jó está convencido de que ninguém, nem mesmo Deus, poderia acusar com sucesso um homem justo como ele. No caso extremo de haver algum tribunal que o declarasse culpado, Jó estaria disposto a aceitar a sua derrota e permanecer quieto para sempre. No entanto, antes daquele eventual êxito, ninguém poderá calá-lo. Somente se fosse declarado culpado, a sua decisão seria "calar e morrer", ou seja, não continuar a defender a sua inocência e renunciar para sempre a toda discussão sobre a questão. Jó estaria disposto a calar-se até o dia da sua morte, permanecer em silêncio e assim morrer; desse modo ele anteciparia na vida terrena o silêncio eterno da morte, que o acompanhará no túmulo.[10]

Nesse texto, o silêncio adquire conotações sapienciais e jurídicas significativas. Os amigos de Jó, detentores de uma teoria teológica supostamente segura de si, buscam dar uma explicação do mistério e convencer Jó. A verdadeira sabedoria, porém, neste caso, é demonstrada no calar-se, no aceitar a transcendência do mistério e no escutar a realidade do sofredor. Este, ao se calar, aceitaria os seus limites perante Deus, e daria razão

---

[9] Sobre os problemas de tradução desse versículo, ver BÁEZ, S. J. *Tiempo de hablar y tiempo de callar*, pp. 132-133.

[10] Cf. LÉVÊQUE, J. *Job et son Dieu. Essai d'exégèse et de théologie biblique*, I. Paris: Gabalda, 1970, p. 369; CLINES, D. J. A. *Job 1–20*, p. 315.

a Jó, abrindo-se assim a um horizonte de conhecimento mais vasto e mais profundo. Jó, por sua vez, não aceita calar-se e deseja apresentar a sua causa, como um caso de justiça, diante de Deus. Apesar disso, Jó, todavia, se mostra sensato em não absolutizar o seu protesto de justiça: se Deus responde a ele, ele está disposto a calar-se e a aceitar dar-lhe razão. No final do livro, quando Deus finalmente lhe fala, a pretensão de Jó se torna confissão de ter falado "sem saber". A verdadeira sabedoria diante de Deus é aceitar em silêncio o seu mistério.

A luta entre o silêncio e a palavra (Sl 39)

O salmo 39 descreve o drama de um crente que enfrenta o mistério da condição efêmera e penosa da vida humana, debatendo-se entre a reflexão, a súplica e a recordação das próprias culpas. Trata-se de uma meditação sobre a existência, importante pela intensidade com que apresenta as reações psicológicas e o mundo interior do salmista, que parte de uma experiência pessoal dolorosa, mas depois amplia as suas reflexões para uma perspectiva universal.

O silêncio insuportável

O autor do salmo inicia confessando uma decisão: "Eu disse: vigiarei minha conduta para não pecar com a língua" (v. 2a). Em seguida especifica: "Manterei uma mordaça na minha boca enquanto houver um ímpio (*rāšā'*) diante de mim" (v. 2b). A palavra "ímpio" traduz o termo hebraico *rāšā'*, que designa a pessoa que nega Deus, não tanto no sentido metafísico, mas no plano prático. Sem descartar a presença física de alguém que se encontra diante do salmista, pode-se até afirmar que essa menção do ímpio exprime a consciência do orante em relação à existência do não crente. O orante, que se encontra numa situação de grave sofrimento pessoal, sente em si a tentação de poder falar como ele, pôr-se do seu lado e lhe dar razão.[11] No entanto, não quer falar como um *rāšā'*. Essa é a razão da disciplina que impõe à sua língua. Diante do risco de falar como alguém que não tem fé, prefere calar: "Eu disse: vigiarei minha conduta para não pecar com a língua".

---

[11] É a mesma tentação do orante do Sl 73,15: "Se eu dissesse: 'Vou falar como eles', já teria traído a geração de teus filhos".

O orante impõe silêncio a si mesmo, mas bem depressa a sua decisão se mostra ineficaz. Não é realmente capaz de suportar a violência do silêncio a que está submetido: "Fiquei mudo, em silêncio; calei-me inutilmente" (v. 3a).[12] Esse silêncio é inútil exatamente porque não serve para nada, a situação dolorosa que o salmista vive não muda, permanece como antes. É inútil calar-se, a realidade não pode ser escondida nem ignorada. O tormento que ele vive e as perguntas que se levantam em seu coração são mais intensos que a decisão de calar-se.

Em pouco tempo se manifesta o impacto negativo que aquele silêncio teve sobre a interioridade do salmista: "Minha dor piorou, meu coração queimava no meu peito, ao pensar nisso o fogo se inflamou" (vv. 3b-4b). É evidente o contraste entre os órgãos da fonação (v. 2: língua, boca), que estão sujeitos a uma autodisciplina de silêncio, e o mundo interior do salmista representado pelo coração (v. 3), que sofre um forte tormento emocional. Finalmente a língua é subjugada pelo coração e o silêncio, pela palavra. A tensão interior se torna insuportável, a ponto de o salmista não poder continuar quieto e confessa: "Então soltei a língua e falei".

Não suportando mais o silêncio, ele começa a falar, mas fala com a consciência de que a sua condição é a de todo ser humano, que partilha com cada homem uma existência enigmática e efêmera, destinada irremediavelmente à morte (vv. 5-7). Ele se reconhece uma criatura inconsistente e frágil: "Todo ser humano é apenas um sopro" (v. 6), "ele anda por aí como uma sombra" (v. 7).

O silêncio resignado

A parte final do salmo (vv. 8-14) adquire uma tonalidade mais próxima da súplica. Inicia-se com uma solene declaração de esperança em Deus. É exatamente a inconsistência humana, determinada por Deus, que sustenta a esperança do salmista: "Agora, Senhor, que espero eu? Minha esperança está em ti" (v. 8). Apesar dessa afirmação de confiança, as suas palavras conservam ainda o tom trágico manifestado precedentemente. O orante

---

[12] A expressão "fiquei mudo" traduz o verbo hebraico *'lm*, que comumente tem o sentido de "ser mudo". A frase hebraica *heḥĕšêtî miṭṭôb*, porém, quer dizer literalmente: "calei-me sem bem" ou "para nada", "sem vantagem". Sobre as diversas propostas de tradução desse versículo, ver BÁEZ, S. J. *Tiempo de hablar y tiempo de callar*, p. 138.

sabe muito bem que à fragilidade radical de todo homem se acrescenta a sua condição pecaminosa; portanto, interpretando agora a sua situação de sofrimento como resultado de uma punição divina, pede para ficar livre das consequências das suas culpas (v. 9) e suplica a Deus que não o faça sofrer por causa delas (v. 11). A ação de Deus é interpretada em linha pedagógica, em relação com as culpas do homem (v. 12). Ele compreendeu que também essa experiência faz parte da condição humana.

No meio da oração, o salmista cala-se ainda: "Emudeço, não abro a boca, porque és tu que atuas" (v. 10). É difícil captar o verdadeiro sentido desse novo silêncio: submissão diante de Deus? Conhecimento mais profundo da própria situação? Uma forma de súplica humilde para que Deus intervenha? Intuição de uma lógica superior ao estilo de Jó no final do livro?

O contexto do salmo nos leva mais para outra linha interpretativa. Esse novo silêncio do v. 10 é um silêncio de resignação. O orante luta entre a reflexão e a súplica. Consciente da fragilidade da existência humana (v. 6: "todo ser humano é apenas um sopro"), concluiu que foi o próprio Deus que tornou frágil e mortal a condição humana (v. 10: "és tu que atuas"). Nessas condições, tudo se torna inútil. Embora tivesse posto a sua esperança em Deus (v. 8), voltou-se sobre si mesmo. Decidiu não falar mais, não protestar nem se queixar diante de Deus. Fechou a boca. Decidiu tomar uma atitude muito diferente daquela de Jó, que estava disposto a disputar com Deus, embora isso pudesse custar-lhe a vida. O orante do nosso salmo, porém, se resigna. Como "migrante e estrangeiro" na terra (v. 13b), pede um pouco de alívio enquanto se encaminha para o fim da existência (v. 14).

No fim do salmo volta a falar e invoca o Senhor: "Ouve, Senhor, a minha oração, presta ouvido ao meu clamor, não fiques surdo ao meu pranto" (v. 13a), mas a sua oração é apenas um eco da sua resignação. O salmo, de fato, é interrompido com uma expressão dolorosa e trágica: "Desvia o teu olhar para que eu respire, antes que me vá e deixe de existir" (v. 14). De modo diferente das súplicas, que comumente imploram o olhar benéfico de Deus, o orante do salmo 39 pede antes que Deus afaste dele o olhar. Este é o seu pedido final e mais dramático: ora a Deus para que o deixe em paz, que lhe conceda um momento de trégua no doloroso caminho da vida.

O salmo não descreve simplesmente o desenvolvimento de uma experiência psicológica, mas antes o testemunho da complexa luta de um crente, no qual coexistem o silêncio e a palavra, a confiança e a reclamação, a dúvida e a resignação. Imerso na sua dor, o orante se cala por medo de falar como aqueles que negam a Deus. Depois se dá conta de que, calando-se, não conseguiu muito, e decide falar. Com o seu desabafo, certamente amplia os seus horizontes, articula uma séria reflexão sobre a natureza humana e adota uma atitude mais honesta para com a realidade. O seu discurso, porém, não é definitivo: a sua palavra convive sempre com o silêncio doloroso da dúvida e da interrogação. Cala-se de novo, esmagado sob o peso das suas culpas, da sua situação trágica e do seu limite humano, embora continue a crer e a esperar.

O salmo não oferece respostas doutrinais para os grandes enigmas da vida, mas é um magnífico testemunho da honestidade de um crente: honesto com a realidade, consigo mesmo e com Deus. Um crente que luta entre a dor e a esperança, entre o silêncio e a palavra. Uma luta, porém, sustentada pela fé. Fé nua, difícil, perturbadora, assim como foram difíceis e lacerantes tanto a sua palavra como o seu silêncio.

Jó diante da resposta de Deus: um itinerário de silêncio (Jó 40,3-5; 42,1-6)

A dor do inocente torna vã qualquer tentativa de explicação racional, fazendo com que a única atitude válida diante disso seja o silêncio (Jó 13,5.13; 40,4-5), porque estamos diante de um mistério que transcende qualquer capacidade humana de compreensão. Para o livro de Jó, realmente, a única resposta possível se encontra na atitude do crente, assumida no final do livro de Jó (Jó 40,3-5; 42,1-6), que, embora se sinta imerso numa situação aparentemente absurda e injusta, intui que existe outra lógica, mais alta e mais sublime, a do mistério de Deus. Jó, mediante o seu sofrimento e se deixando instruir por Deus, aprende que ele é sempre justo, mesmo se o homem não consegue captar claramente as razões e as modalidades da sua justiça. Jó, como todos aqueles que estão prostrados pela dor, pergunta por um porquê, que se torna um desejo de encontro e uma exigência de resposta direta da parte de Deus. Mas Deus não fala, esconde-se num silêncio terrível, a sua transcendência o torna inacessível.

Primeira resposta de Jó: o silêncio resignado (40,3-5)

Quando tudo parece ofuscar-se no silêncio, "do meio da tempestade" se escuta a voz do Senhor (38,1; 40,6), que fala do lugar de uma força destrutiva, não para aniquilar Jó, mas para responder a ele. A tempestade manifesta a transcendência e a inacessibilidade de Deus, a sua palavra mostra a sua proximidade e a sua vontade de diálogo. O Senhor não responde a Jó na qualidade de juiz da corte celeste, mas como Criador. O Senhor se recusa a ficar limitado ao sistema de representações no qual Jó o encerrou: um Deus cruel, inquisidor, juiz.[13]

O Senhor não fala com ira, mas emprega um tom irônico para zombar da atitude de censura de Jó: "Quem é esse que obscurece meus desígnios com palavras sem sentido? Cinge os teus rins como um valente, eu te interrogarei e tu me instruirás" (38,2-3). Deus dirige a palavra a Jó, como Criador e no meio da criação, mas não para fornecer as respostas que o seu interlocutor esperou ou pretendeu.

O Criador é deveras um déspota prepotente e o mundo um caos sem sentido, como tantas vezes Jó sustentou? Em vez disso, Deus mostra como ele – contemplado tanto no nível macrocósmico dos elementos originais por ele fundados (38,4-38), como no nível infra-humano dos indivíduos vivos (38,39–39,30) – manifesta uma *ordem misteriosa*, não antropocêntrica, indisponível e misteriosa, e por isso inacessível ao conhecimento humano. Diante de Jó se apresenta uma lógica superior, marcada pela gratuidade divina e pela vontade do Criador de fazer surgir e conservar a vida. Fazendo perguntas, para que Jó possa encontrar por si e em si as respostas que busca, Deus conduz o seu acusador, através dos mistérios da natureza, à descoberta do mundo. Um mundo habitado pelo homem, mas do qual ele não sabe quase nada e que percebe como incontrolável.

Deus certamente tem um plano que não pode ser compreendido pelo intelecto humano, de modo tal que o homem possa calcular e prever a ação divina. O que é válido para o mundo natural é válido *a fortiori* para a história. A pergunta subentendida é: será que tudo o que sucede na história, até a ação de Deus nela, deve ser explicado em categorias teológicas racionais?

---

[13] Cf. Lévêque, J. "L'interprétation des discours de yhwh (Job 38,1–42,6)". In: Beuken, W. A. M. (ed.). *The Book of Job*. Bibliotheca Ephemeridum Theologicarum Lovaniensium 114. Leuven: University Press, 1994, p. 219.

Trata-se, pois, da dificuldade, e até da impossibilidade, de estabelecer detalhadamente as razões do agir de Deus, de modo tal que se torne algo previsível e quase controlável. "Levado para fora de si, confrontado com os segredos do cosmo, Jó se confronta consigo mesmo e se reconcilia com a verdade própria da criatura. Queria entender Deus. Mas Deus coloca a ele novos problemas insolúveis, para que compreenda que o homem não pode compreender. Jó se confronta dessa maneira com a impossibilidade de ter em mãos os segredos da existência, e ainda menos da vida humana, com o seu sofrimento e a sua morte, porque nela entra em jogo um mistério ainda maior do que aqueles cósmicos, e é o mistério insondável de uma liberdade que pode rejeitar o bem e fazer o mal".[14]

Como conclusão do seu primeiro discurso, Deus alude diretamente às recriminações de Jó e o convida a reagir diante de um discurso cósmico seu: "Então, quem censura o Todo-poderoso quer ainda discutir? Quem acusa o próprio Deus, deve agora responder!" (40,2). Agora Jó tem a oportunidade e o direito de réplica. A quem repetidamente refutou o comportamento de Deus como ilógico e injusto, agora se apresenta a ocasião de corrigi-lo, fazendo o papel de mestre. Mas Jó se sente dominado pela resposta de Deus. Foi-lhe revelada uma dimensão do universo, misteriosa e irredutível ao saber humano. Ele foi colocado no plano superior da gratuidade e do poder cheio de bondade do Criador, que ultrapassa toda justiça e retribuição.

A sua reação é confessar a própria pequenez e insignificância e renunciar a qualquer tipo de réplica diante de Deus: "Sou insignificante, que vou responder?" (40,4a). Diante das palavras de Deus, Jó emudece: "Ponho a minha mão sobre a boca" (40,4b). O gesto não indica simplesmente o fato de não falar (Jz 18,19), mas denota também um estado de admiração (Mq 7,16; Jó 21,5; 29,9): diante da intervenção divina Jó fica estupefato, sem palavras. Depois Deus lhe recorda o *rîb* iniciado antes (9,3.19-22; 13,3.18-19; 16,18-21; 23,3-4): "Quem censura o Todo-poderoso quer ainda discutir?" (40,2). Mas Jó decide abandonar o desafio. Com o seu silêncio se

---

[14] COSTACURTA, B. "E il Signore cambiò le sorti di Giobbe. Il problema interpretativo dell'epilogo del libro di Giobbe". In: COLLADO BERTOMEU, V. (ed.). *Palabra, prodigio, poesía. In Memoriam P. Luis Alonso Schökel, s.j.* Analecta Biblica 151. Roma: Pontifício Instituto Bíblico, 2003, p. 255.

confessa derrotado: "Falei uma vez, não replicarei; falei duas vezes, nada mais acrescentarei" (40,5). Dá razão a Deus e se cala.

Certamente o discurso de Deus sobre a exuberância formidável da criação colocou Jó no seu justo lugar de criatura, como parte minúscula (cf. 40,4a) do cosmo imenso e misterioso. Mas, como demonstra o fato de que o Senhor deve intervir outra vez, o estupor de Jó e o seu mutismo não bastam. O Senhor não interveio para esmagar Jó e reduzi-lo ao silêncio da humilhação.

Jó está ainda na metade do caminho na sua descoberta de Deus. A resposta está ainda centrada demais em si mesmo. Esse silêncio não é a resposta que Deus espera de Jó.[15] Embora certamente represente um passo adiante no abandono da sua posição de contestação da justiça divina, todavia é ambíguo e insuficiente. Jó conheceu algo mais misterioso, mas não chega ainda ao verdadeiro conhecimento de Deus, ou seja, quando o silêncio do homem não é expressão de resignação fácil nem de derrota humilhante, mas de confiança, de abertura a Deus e aos seus insondáveis desígnios.

---

[15] Este silêncio foi comentado de maneiras diferentes, mas a maioria dos autores coincide em julgá-lo ambíguo e insuficiente. ALONSO SCHÖKEL, L. & SICRE DÍAZ, J. L. *Job. Comentario teológico e literario*. Madrid: Cristiandad, 1983, p. 573: "Admitiu que Deus tem razão, ou apenas que não se considera em condições de discutir com ele?". Trad. it. *Giobbe, commento teologico e letterario*. Roma: Borla, 1985; GUTIÉRREZ, G. *Hablar de Dios desde el sufrimiento del inocente. Una reflexión sobre el libro de Job*. Lima: Cep, 1986: "Vencido, talvez, mas não convencido [...]. Jó tenta dar um passo atrás. Deus não quer silêncios resignados, que escondem murmúrios de insatisfação" (pp. 167, 169). Trad. it. *Parlare di Dio a partire dalla sofferenza dell innocente. Una riflessione sul libro di Giobbe*. Brescia: Queriniana, 1986; HARTLEY, J. E. *The Book of Job*. Grand Rapids: Eerdmans, 1988, p. 518: "Embora não pretenda estabelecer uma nova linha de argumentação ou introduzir outros temas, não renuncia à posição que já assumiu por pelo menos duas vezes"; BORGONOVO, G. *La notte e il suo sole. Luce e tenebre nel libro di Giobbe. Analisi simbolica*. Analecta Biblica 135. Roma: Pontifício Instituto Bíblico, 1995, p. 82: "O estupor não deve significar medo diante da onipotência de um Deus que esmaga a criatura [...]. É tudo o que o Deus do drama não quer. Este exige diante de si um homem que não se contente com respostas superficiais; VIGNOLO, R. *Giobbe*. In: PIERETTI, A. (ed.). *Giobbe: Il problema del male nel pensiero contemporaneo*. Assisi: Cittadella, 1996, p. 59: "Mesmo se calar pode exprimir uma forma perfeita de saber (13,5), no nosso caso isso seria sempre apenas um saber relativo a si, não a Deus".

A segunda resposta de Jó: silêncio de abandono e de diálogo (42,1-6)

O tema do segundo discurso de Deus não é mais o seu desígnio (*'ēṣâ*) de gratuidade, mas o seu governo correto do mundo, o seu direito, o seu juízo (*mišpāṭ*). A primeira pergunta de Deus: "Ousarias anular o meu julgamento, ou condenar-me para te justificares (*ṣdq*)?" (40,8) é como dizer: continuas encerrado num mundo de explicações fáceis? Colocar-te-ás contra o meu direito de dominar aquilo que te supera? Procurarás aprisionar o meu amor livre e gratuito nos teus conceitos teológicos? Queres elevar-te a juiz das minhas ações? Se fosse assim, Deus não seria Deus.

Em 40,8 Deus revela o ponto fraco da acusação de Jó, a saber, ter considerado o seu sofrimento sempre e de qualquer modo o fruto de uma culpa e, portanto, ter continuamente reivindicado a sua inocência diante da injustiça divina. Desse modo Jó procurava impor a Deus o seu julgamento e obrigá-lo a premiar a sua inocência, admitindo a própria culpa. Justiça do homem e justiça de Deus não podem ser pensadas apenas em termos alternativos, para os quais a afirmação de uma inclui necessariamente a negação da outra. Não são reciprocamente incompatíveis, embora – no caso do sofrimento inocente – sejam coexistentes.

Com ironia brutal, o Senhor propõe a Jó uma "troca de lado" (cf. 40,9.14): Jó não é capaz de agir em nome de Deus, de colocar em ação todo o seu poder para vencer a injustiça que o escandaliza e para resolver o problema do mal no mundo; nem é capaz de esmagar os malvados e encerrá-los no inferno. Então, o Senhor, como um humano, elevará o seu louvor a esse "Deus" poderoso que tudo vence segundo os cânones de uma onipotência que não é a divina, mas aquela sonhada pelos homens (40,14). A ironia utilizada por Deus nesse texto é apenas um meio para nos fazer perceber até onde pode levar certa soberba discursiva. *Behemot* (o hipopótamo) e *Leviatã* (o crocodilo) são dois monstros evocados pelo seu valor simbólico-mitológico múltiplo como código para os poderes sobre-humanos, hostis ao homem e à ordem do cosmo.[16] Deus procura mostrar a Jó que controla essas forças caóticas, mas ao mesmo tempo faz saber que não as destruirá. O mal existe no mundo, mas o mundo não é mau. Há forças caóticas no cosmo, mas o cosmo não é um caos.

---

[16] VIGNOLO, R. *Giobbe*, pp. 61-62.

Em ambos os discursos, Deus não se limitou a defender o seu poder, mas se apresentou como um Criador onipotente, não para anular, mas para dar a vida a toda criatura. Sublinhando os aspectos lúdicos da própria obra, apresentando-se como o Senhor do funcional e do inútil, reivindicou a liberdade própria e evocou uma sabedoria que somente o Criador possui e manifesta.

Na realidade, o Senhor não responde diretamente ao problema posto pela teologia da retribuição. Os discursos, solene afirmação da transcendência divina, sugerem um raciocínio *a fortiori*, que a fé poderá explicitar: dado que Deus criou este mundo de contrastes e sabe para quê, com maior razão é preciso confiar nele para descobrir o sentido da sua ação entre os homens. Para compreender o Senhor, o Deus da aliança, é necessário considerar o Deus da criação.

Jó chega a essa conclusão em três tempos: a aceitação do fato de que Deus tem os seus planos e que eles se realizam, a descoberta de aspectos misteriosos no cosmo e na história, e o encontro alegre com o Senhor. Ele tomou consciência do poder sem limites do Senhor: "Compreendo que podes tudo e que nada é impossível para ti" (42,2a). Descobriu que Deus não apenas realiza inumeráveis maravilhas no cosmo (cf. 9,10; 37,5.14-16), mas também que o seu desígnio histórico em relação aos homens contém em si maravilhas sobre as quais ele fez afirmações sem conhecê-las: "Falei de coisas que não entendia, de maravilhas que me ultrapassam" (42,3b).

Tendo Jó admitido as maravilhas que o superam e o seu conhecimento limitado diante do mistério, agora se sente convidado a usar a palavra. No mesmo momento em que Deus cessa de falar, Jó pede para ser instruído: "Escuta-me, a palavra está comigo, vou te interrogar e tu me instruirás" (42,4).[17] Jó pede a Deus para ainda poder falar-lhe e confessa a sua disponibilidade para deixar-se instruir por ele. Permanecem certamente ainda sem resposta muitas perguntas que Jó deverá ainda fazer a Deus, mas com uma atitude absolutamente diferente, marcada agora pela sua nova posição de fé. O desejo de Jó de calar-se e deixar-se instruir por Deus nasce da

---

[17] A maioria dos comentadores interpreta essa frase como dita por Yhwh. Outros optam por suprimi-la, considerando-a uma repetição de 33,31 e 38,3b (cf. DHORME, P. *Le livre de Job*. Études Bibliques. Paris: Lecoffre, 1926, p. 590; POPE, M. H. *Job*. Anchor Bible 15. New York: Doubleday, 1965, p. 348). Nós achamos que a frase do v. 4 é uma afirmação pronunciada por Jó (cf. BORGONOVO, G. *La notte e il suo sole*, p. 83).

consciência de alguém que percebeu a própria finitude e que, paradoxalmente, em vez de emudecer derrotado se abre para a possibilidade de um diálogo autêntico, no qual a *palavra* e o *silêncio* se conjugam na descoberta do verdadeiro Deus. O encontro com o seu *go'el* desembocará sempre, para Jó, ao mesmo tempo no *silêncio* (40,4-5) e no *diálogo*. O silêncio fará Jó lembrar-se do seu verdadeiro lugar diante de Deus e, no diálogo (42,4), Deus revelará continuamente o seu verdadeiro rosto a Jó.

Jó purificou as imagens deformadoras de Deus que construiu no meio da angústia e, sobretudo, aquela imagem divina sustentada pela teoria da retribuição. Agora viu: "Eu te conhecia só por ouvir dizer, mas agora meus próprios olhos te veem" (42,5). Deus educou Jó e o ajudou a abrir-se para a aceitação do mistério; Jó está agora em condição de "ver" Deus (42,5), porque, finalmente, saiu dos esquemas e preconceitos desviantes, tornou-se capaz de acolher os seus critérios e de reconhecê-lo na sua verdade.[18]

Revelou-se progressivamente diante dele um Deus que não atua destruindo o mal de forma despótica, mas que, ao mesmo tempo, não se deixa encerrar pelo homem num esquema rígido de castigos e recompensas. Jó finalmente reconheceu que não se pode saber tudo sobre Deus e os seus projetos. Chegou a admitir que Deus pode ser justificado sem ser totalmente compreendido.

Jó viveu uma dupla transformação: descobriu que a maior parte das coisas que acontecem no cosmo e na história está além da compreensão e penetração humanas (42,2-3) e, além disso, conseguiu aceitar o ponto de vista de Deus, renunciando à sua própria lógica (42,4-5).

Como resultado dessa mudança decisiva de perspectiva, há em Jó também uma mudança de atitude. Consolado pela experiência de um Deus que não pôde compreender, mas que descobriu como mistério de gratuidade e de vida, afirma: "Por isso detesto pó e cinzas, mas sou consolado por eles" (v. 6).[19] Ele descobre um novo significado para a sua palavra e para o seu

---

[18] Cf. COSTACURTA, B. *E Il Signore cambiò le sorti di Giobbe*, pp. 255-256.

[19] Para uma justificação da tradução que propomos da difícil frase hebraica de Jó 42,6, cf. BÁEZ, S. J. *Tiempo de callar y tiempo de hablar*, p. 147. Borgonovo afirmou desse versículo: "O v. 6 é a síntese de todas as dificuldades, na medida em que se concentra nesse versículo a opção interpretativa de cada comentador: é de fato o caso típico de interação entre compreensão e explicação, entre hermenêutica e filologia" (*La notte e il suo sole*, p. 83).

silêncio, abandonando a sua atitude de lamúria, de reclamação e de tristeza. Descobriu Deus como princípio de sentido e de vida diante do absurdo da sua própria dor.

A dupla resposta de Jó aos discursos de Deus ilustra o caminho que o crente é chamado a percorrer na descoberta da transcendência divina. Jó certamente não se contentou com respostas fáceis com que a tradição teológica procurava explicar o mistério do sofrimento. Quando Deus lhe mostra uma lógica superior, ele se descobre pequeno e sem um saber adequado. Então se cala, com um sentimento de incapacidade e de derrota que representa apenas um passo adiante na purificação da sua imagem de Deus.

A intervenção final daquele Deus, a quem Jó se dirige afirmando a impossibilidade de um confronto, estabelece um verdadeiro *diálogo* com Jó, transformando o choque num encontro que se torna *visão*. Palavra e silêncio, visão de fé na aceitação do não ver. A verdadeira conclusão de sua caminhada é aquela sua nova visão de Deus, que o abre ao diálogo com ele. Se primeiro tinha falado de maravilhas que *não conhecia*, no fim se abeira do mistério, a fim de que Deus o faça *conhecer* uma outra lógica e uma outra sabedoria superiores. É o modo certo de calar-se diante de Deus, não esmagado pela sua onipotência, mas em atitude de escuta e de admiração, consolado e transformado por uma visão nova de Deus.

A resposta que Deus dá a Jó não é de tipo *intelectual*, mas *experiencial*, toda jogada sobre a nova realidade de uma relação interpessoal diferente com o divino: "Eu te conhecia só por ouvir dizer, mas agora meus próprios olhos te veem" (42,5). O "ouvir dizer" evoca aquilo que Jó conhecia da tradição teológica sapiencial, continuamente repetida e defendida pelos seus três amigos; o "ato visual", no final do seu percurso de fé, é, porém, o vértice de uma experiência pessoal de Deus, da sua liberdade, da sua gratuidade e do seu mistério. É, de fato, um "ver" paradoxal: "Jó vê realmente só no momento em que aceita não ver e renuncia a querer entender a todo custo... Essa atitude permite que o crente ouse um olhar diferente sobre Deus e avalie atentamente as coisas do ponto de vista divino".[20]

---

[20] FORNARA, R. La visione contraddetta. La dialettica fra visibilità e non-visibilità divina nella Bibbia Ebraica. *Analecta Biblica*, n. 155. Roma: Pontifício Instituto Bíblico, 2004, pp. 484-485.

A "visão" não exclui a "escuta". Uma escuta de fé diante do Mistério, que não é mais o "ouvir dizer" da experiência precedente. Essa escuta supõe abertura e atenção, exige um silêncio que "ouve" e "vê", que concede a prioridade ao outro, que faz com que germinem o diálogo e a comunicação pessoal. Em tal relação de visão silenciosa e de escuta visual, Jó consegue redescobrir a verdade própria da criatura, consegue ter uma visão mais apropriada da realidade, reconcilia-se com Deus, consigo mesmo e, enfim, com a sua história de sofredor: "A dor é mistério insondável, e não se pode entender o mistério, mas se pode aceitá-lo".[21]

Conclusão

Atinge-se a dimensão mais profunda do silêncio humano quando o homem se cala diante do mistério inefável de Deus e dos seus caminhos. Aquela primeira manifestação positiva e generosa do silêncio, que é a escuta, como abertura ao outro, alcança o seu auge quando o interlocutor do homem é Deus mesmo. Diante dele, o homem sábio sabe calar-se e aceitar, aprende a abandonar-se com confiança em suas mãos e a esperar nele. Tal atitude sapiencial e religiosa, entretecida de fé e de silêncio, algumas vezes é a única possível, sobretudo quando o homem está diante do mistério desconcertante do silêncio de Deus.

---

[21] COSTACURTA, B. *E il Signore cambiò le sorti di Giobbe*, p. 256.

SILÊNCIO E ORAÇÃO

Na prática orante do Israel bíblico, a oração é antes de tudo oração vocal. O indivíduo israelita e a própria comunidade louvam, agradecem e suplicam através da palavra. No entanto, embora na Bíblia sejam raros os casos de orações "silenciosas", não faltam experiências em que o orante vive a própria relação pessoal com Deus sem fazer ouvir a própria voz, através do abandono confiante, ou da contemplação alegre. A oração implica, sempre e juntamente, duas dimensões: falar com Deus e estar silenciosamente diante dele. Ambas são essenciais.

Para ti o silêncio é louvor

É célebre o sugestivo texto hebraico do salmo 65,2: $l^e k\bar{a}$ $d\bar{u}miyy\hat{a}$ $t^e hill\hat{a}$ '$\check{e}l\bar{o}h\hat{i}m$ $b^e\varsigma iyy\hat{o}n$, que literalmente diz: "Para ti o silêncio é um canto de louvor, ó Deus, em Sião".[1] Contudo, a grande maioria das traduções e dos comentadores prefere seguir a versão grega dos LXX, que traduz: "A ti, ó Deus, convém o louvor em Sião", lendo não $d\bar{u}miyy\hat{a}$, mas $d\bar{o}miyy\hat{a}$, particípio feminino do verbo dmh, "ser semelhante", "corresponder" (cf. Sl 48,10; 49,13.21; 50,21; 89,7; 102,7; 144,4).[2]

---

[1] Escolhemos a tradução oferecida pelo comentário de Lorenzin, T. *I Salmi. Nuova versione, introduzione e commento*. Mlilano: Paoline, p. 257. Com o acréscimo de uma conjunção copulativa entre silêncio e louvor (em hebraico, uma letra: w^e) seria possível traduzir também: "Para ti, silêncio e louvor, ó Deus, em Sião". Neste caso, mas talvez forçando um pouco o texto, a oração de louvor e de adoração se exprimiria ao mesmo tempo com as palavras e com o silêncio interior. No entanto, preferimos manter o texto massorético, sem nenhum acréscimo não suficientemente justificado.

[2] A versão grega dos LXX traduziu: *soi prepei hymnos ho theos en Siōn*, traduzido pela Vulgata: *Te decet hymnus Deus in Sion*. A mudança de $d\bar{u}miyy\hat{a}$, para $d\bar{o}miyy\hat{a}$, se explica como transformação de um ō átono na vogal ū (cf. Joüon, P. *Grammaire de l'hébreu biblique*. Roma: Institut Biblique Pontifical, 1923, p. 72, § 29b). Segundo alguns autores, a vocalização do texto massorético revelaria a influência do salmo 62,2 (cf. Seybold, K. *Die Psalmen*. Handbuch zum Alten Testament 15. Tübingen: J.C.B. Mohr, 1996, p. 252).

O substantivo *dūmiyyâ* ocorre outras duas vezes na Bíblia, sempre com o significado de silêncio (Sl 39,3; 62,2). São Jerônimo traduz, de fato, no seu saltério *Iuxta Hebraeos*: "Tibi silens laus Deus in Sion". As traduções, dentro do judaísmo, do Targum a Rashi,[3] e dos famosos comentadores do século XIX como Delitzsch e Rosenmüller,[4] conservaram o termo *dūmiyyâ*, "silêncio".

Como justificação para tomar a versão grega e latina argumentou-se que a prática da oração silenciosa está ausente no Antigo Testamento e que contrasta com a manifestação corpórea habitual do culto.[5] No entanto, apesar da tradução grega poder ser explicada a partir de uma mudança vocálica razoável e não haja muitos testemunhos sobre a modalidade silenciosa da oração, não se pode excluir nesse salmo um silêncio orante que exprime a atitude de expectativa e de abandono diante de Deus e de fascínio e atração provocados pelo templo em Sião.

Para entender melhor o sentido do silêncio nesse salmo, é útil ler o v. 2 dentro do próprio contexto, ou seja, os primeiros cinco versículos do salmo,[6] no qual o fundo é Sião, onde Deus reina na arca e o templo aparece como centro de atração e de vida para todos, e no qual se descreve de modo refinado a relação personalíssima de intimidade com o Senhor através do culto.[7]

---

[3] Para Rashi, esse versículo ensina que um homem, em reconhecimento silencioso diante de Deus da própria incapacidade, manifesta mais eloquentemente a grandeza divina (cf. FEUER, A. Ch. *Tehillim*, I. *A New Translation with a Commentary Anthologized from Talmudic, Midrashic and Rabbinic Sources*. New York: Mesorah Publications, Artscroll Tanach Series, 1985, ²1987, p. 794).

[4] Cf. JACQUET, L. *Les Psaumes et le coeur de l'homme. Etude textuelle, littéraire et doctrinale*. Grembloux: Duculot, 1975-1979, pp. 311.

[5] Cf. RAVASI, G. *Il libro dei Salmi*, II, pp. 311-312; ALONSO SCHÖKEL, L. & CARNITI, C. *Salmos*, I. Estella (Navarra): 1992, p. 848. Trad. it. *I Salmi. Commenti biblici*. 2 vol. Roma: Borla, 1992.

[6] O salmo pode ser dividido em três partes (vv. 2-5; vv. 6-9; vv. 10-14) a partir da tripla menção do nome de Deus, *'ĕlōhîm*, nos vv. 2.6.10, no início de cada seção. Cada parte do salmo desenvolve um tema particular: Sião e o templo (vv. 2-5); a criação (vv. 6-9); as estações agrícolas (vv. 10-14). "O seu denominador comum é a ideia da criação, onde Deus, o homem e a terra estão em harmonia" (LORENZIN, T. *I Salmi*, p. 264).

[7] Cf. RAVASI, G. *Il libro dei Salmi*, II, pp. 312-314.

Segue uma tradução do texto hebraico do Sl 65,2-5, que se afasta um pouco da BJ e BV:

²Para ti o silêncio é um canto de louvor,
ó Deus, em Sião
e a ti se cumprem os votos.

³Tu que ouves a oração,
a ti acode todo mortal.

⁴As culpas[8] foram mais fortes do que eu,[9]
mas tu perdoas nossos delitos.

⁵Feliz aquele que escolheste e aproximas:
habitará nos teus átrios.
Possamos saciar-nos com os bens da tua casa,
com as coisas sagradas do teu templo!

Descreve-se a experiência de um fiel que se sente atraído pela presença de Deus no templo, mas, ao mesmo tempo, é consciente do próprio pecado, como algo que se impõe a ele "mais forte" do que ele. O peso das suas culpas, condição que ele sabe que partilha com todos os outros seres humanos, com "todo mortal" (v. 3), cria nele um sentimento de indignidade em relação a Deus, a ponto de não conseguir articular uma oração vocal. Sabemos que numa situação de angústia, apesar da lembrança do amor misericordioso de Deus, o silêncio leva a vantagem: "Lembro-me de Deus e gemo, medito e meu espírito desfalece. [...] estou perturbado e sem palavras" (Sl 77,4-5).

O salmista se aproxima do templo em silêncio. Cala-se porque "as culpas foram mais fortes do que ele", mas, ao mesmo tempo, ele enche o seu silêncio de esperança, porque sabe que o Senhor é aquele que "ouve a oração" (v. 3), embora ela fique escondida no seu íntimo. O Senhor ouve até o pranto de seus fiéis (cf. Sl 6,9) e recolhe as suas lágrimas num odre (cf. Sl 56,9). Esse salmista acredita que Deus é aquele que "perdoa os nossos delitos" (v. 4), mesmo se eles são um peso que nos esmaga mortalmente.

---

[8] Em hebraico *dibrê 'ăwōnôt*, literalmente "coisas de culpa" ou "causas de culpa", frase que pode estar ligada com o verbo "vir" que precede, ou com o complemento que segue: "ser mais forte". Ficamos com esta segunda opção.

[9] A versão dos LXX mudou para o plural: "mais fortes do que nós".

O Senhor perdoa os pecados do homem por amor de seu nome (cf. 79,9), porque o perdão está com ele (cf. Sl 130,4).

O salmista não teme aproximar-se de Deus, encaminha-se em silêncio para cumprir os seus votos e para participar no sacrifício votivo no templo. Sem dizer uma palavra, ele está confiante de ser perdoado por Deus. Não precisa falar para ser ouvido e ser libertado da carga de culpas pesada demais para ele. O seu silêncio é espera e confiança, é "um canto de louvor" à misericórdia divina. Sem dizer nada, o salmista confia, aproxima-se de Deus, sente-se acolhido e perdoado antecipadamente.

A propósito do silêncio de que fala esse salmo, a Beata Elisabete da Trindade comentava: "É mais uma palavra do céu que da terra. Parece-me que pode ser definida como êxtase do amor. É o amor vencido pela beleza, pela força, pela grandeza imensa do objeto amado, que cai numa espécie de desfalecimento, num silêncio pleno e profundo. O silêncio do qual falava Davi quando exclamava: 'O silêncio é o teu louvor'. Sim, é o louvor mais belo, porque é aquele que se canta no seio da bem-aventurada Trindade. É também o último esforço da alma que transborda de vida e não pode mais falar".[10]

A estrofe conclui com uma bem-aventurança na qual se destaca o efeito do perdão divino, o restabelecimento da comunhão recíproca entre o homem e Deus (v. 5). Não são felizes apenas os levitas, que foram "escolhidos", "chamados vizinhos" e "habitam nos teus átrios", mas todo israelita e toda a comunidade sacerdotal de Israel, chamados a viver a intimidade com o Senhor através da ação cultual. São felizes todos os crentes que encontram em Deus o conforto espiritual, saciando-se com seu amor e sua misericórdia e também com os santos alimentos dos sacrifícios quando, como canta outro salmista, "diante de mim preparaste uma mesa, [...] unges minha cabeça com óleo e a minha taça transborda" (Sl 23,5; cf. Jr 31,12.14).

A oração de Ana

No primeiro livro de Samuel se conta uma experiência de oração muito particular. Ana, uma das duas mulheres de Elcana, estéril (1Sm 1,5) e

---

[10] *Último retiro*. Oitavo dia (ELISABETE DA TRINDADE. *Scritti*. Roma: Postulazione Generale dei Carmelitani Scalzi, 1967, p. 647).

humilhada pela sua rival Fenena (1Sm 1,6), encontra-se numa situação de grande aflição. Um dia, depois de ter participado do sacrifício no santuário de Silo, aonde a cada ano ia com toda a família para sacrificar ao Senhor (1Sm 1,3), decide levantar-se. O texto hebraico diz simplesmente: "levantou-se" (1Sm 1,9). Não se acrescenta mais nada.[11] Contemporaneamente ao movimento de Ana, o relato indica a presença do sacerdote Eli, que, de modo diferente de Ana, que se levantou, "estava sentado em sua cadeira junto ao limiar da porta do santuário do Senhor". Na narração é importante introduzir a presença de Eli, porque será exatamente ele a testemunha ocular do que Ana está para realizar.

Num primeiro momento, Ana, cheia de aflição, literalmente com "a alma cheia de amargura" (*mārat nāpeš*), começa a "rezar ao Senhor, chorando amargamente" (*wattitpallēl 'al yhwh ûbākōh tibkeh*). O texto descreve duas ações simultâneas: rezar e chorar, enquanto se acentua a profunda tristeza de Ana.

Afirma-se claramente a ação de rezar ao Senhor, mas não se diz nada da expressão verbal da oração, que parece exprimir-se através do choro. Trata-se, portanto, de uma oração silenciosa ou, pelo menos, não verbal. Ana não diz nada, simplesmente chora diante de Deus. O choro pode ser, de fato, uma verdadeira oração que é ouvida por Deus, como testemunham tantos salmos: "o Senhor escuta a voz do meu pranto" (Sl 6,9); "Senhor, não fiques surdo ao meu pranto" (Sl 39,13); "recolhe as minhas lágrimas em teu odre" (Sl 56,9); "ele me livrou da morte, libertou os meus olhos das lágrimas" (Sl 116,8).

Num segundo momento, Ana fala e faz um voto ao Senhor. Pede ao Senhor que se lembre da sua miséria, dando-lhe um filho homem, e de sua parte promete ao Senhor oferecer-lho por todos os dias da sua existência (1Sm 1,11). Se escutarmos a oração de Ana, o seu choro se torna palavra, e o relato conta explicitamente o voto feito por ela na presença do Senhor.

---

[11] O verbo *qwm* literalmente quer dizer "pôr-se de pé", mas muitas vezes é utilizado em contextos em que o sujeito da ação não está necessariamente sentado, por exemplo, na conhecida fórmula "levantou-se e andou". Em tais casos, o verbo *qwm* adquire um valor incoativo, quer dizer, está a indicar simplesmente o início de uma ação. Ana "levantou-se" quer dizer que decidiu empreender uma ação nova, que é destacada pelo relato exatamente através da utilização do verbo "levantar-se".

Num terceiro momento, a narração não diz mais nada sobre a expressão verbal da oração de Ana. Simplesmente se diz que "ela prolongava as suas preces diante do Senhor", literalmente em hebraico: "reforçava o orar" (*hirbᵉtāh lᵉhitpallēl*) (v. 12a). Ana continua a rezar ainda mais intensamente. Do pranto passou para a palavra, da palavra para o silêncio. De fato, enquanto ela está rezando, o sacerdote Eli olha para ela e fixa o seu olhar exatamente sobre a sua boca: "Eli observava a sua boca" (v. 12b). O narrador nos convida a olhar para Ana com os olhos de Eli e a observar particularmente a sua boca exatamente porque, como se dirá logo em seguida, não se escutava nada. Ana realmente rezava em silêncio.

O v. 13 descreve vivamente esse terceiro momento da oração de Ana: "Ana rezava em seu coração e apenas os lábios se moviam, mas *a voz não se ouvia*". A expressão "em seu coração" traduz a expressão hebraica "falava sobre o seu coração". O texto acena a um falar interior que tem como espaço o próprio coração, e que não é simplesmente um monólogo, como se deduz do fato de que o v. 12 nos indicou que Ana rezava sempre mais intensamente, tratando-se de um verdadeiro diálogo interior com Deus. Os lábios, porém, "se moviam", o que faz pensar numa oração em voz baixa, num simples sussurro que se aproxima mais do silêncio que da formulação verbal. Não é apenas Eli que não ouve. O texto diz claramente que "não se ouvia a voz".

Eli, que estava a olhar, pensa que ela está embriagada e a repreende duramente. Ana, por sua vez, se justifica dizendo: "Não, meu senhor, sou apenas uma mulher atribulada e não tomei vinho nem outra bebida inebriante, mas estou desafogando-me (*špk*) diante do Senhor" (v. 15). Ana descreve a sua oração silenciosa como desabafo diante de Deus. O verbo hebraico, traduzido por "desafogar-se", *špk*, que dizer literalmente "derramar", "verter", "fundir", "derreter".

Nos salmos, algumas vezes a oração é descrita com esse verbo, com a imagem do gemido ou do lamento do orante que se "derrama" diante de Deus: "diante dele derramo (*špk*) o meu lamento" (Sl 142,3; cf. Sl 102,1). No entanto, como na oração de Ana, também o coração, que se derrama diante de Deus, pode ser o sujeito do verbo *špk*: "Confia sempre nele, ó povo, diante dele derrama (*špk*) o teu coração, nosso refúgio é Deus" (Sl 62,9);[12] "Levanta-te, grita de noite, no começo das vigílias; derrama (*špk*)

---

[12] O único caso em que o afã ou o lamento se derramam no próprio íntimo e não diante de Deus é o salmo 42,5: "Recordo estas coisas, e o meu coração se derrama", literalmente: "derramo o meu íntimo (*nepeš*) sobre mim".

o teu coração como água diante da face do Senhor" (Lm 2,19).[13] Este último texto permite precisar ainda mais o sentido do verbo *špk*. Ele é uma metáfora intensa destinada a ilustrar a total abertura e transparência do homem diante de Deus, sobretudo na oração; o orante "derrama", "derrete" o próprio coração diante do Senhor. Se o coração é a sede não só dos sentimentos, mas sobretudo das ideias, dos raciocínios, com esse verbo se indica a atitude pela qual o orante deixa que os seus pensamentos fluam livremente diante do Senhor, sem lhe ocultar nada, com uma atitude de serenidade e confiança absoluta.

Voltando à oração de Ana, que ela mesma descreve como um desabafo, utilizando o verbo *špk* (1Sm 1,15), podemos concluir que se trata da oração de uma mulher sofredora, que silenciosamente desafoga o seu coração acabrunhado na presença de Deus. Ana, em silêncio, movendo apenas levemente os lábios, mas sem pronunciar nenhuma palavra, efunde, derrama a sua existência diante de Deus. A sua oração é súplica, mas é sobretudo expressão de abandono e de confiança nas mãos do Senhor. Naquela situação de extrema angústia, a palavra faltou e a oração se tornou um ato muito simples de silêncio cheio de esperança, que exprime a fé de quem encontra apenas em Deus a serenidade e a força. A oração é essencialmente comunhão de fé e de amor com Deus, para quem o silêncio, se é silêncio aberto ao mistério e cheio de amor humilde e confiante, é expressão de uma verdadeira oração.

Depois da explicação de Ana, Eli é convencido e a anima ainda mais: "Vai em paz, e que o Deus de Israel ouça o pedido que lhe fizeste" (v. 17).

A meditação bíblica: entre silêncio e palavra

No hebraico bíblico não existe um equivalente semântico para o nosso verbo "meditar".[14] Nenhuma raiz hebraica exprime de modo exato o conceito ocidental de meditação. É significativo – para entender a natureza da

---

[13] Em 1Sm 7,6 a atitude penitencial do povo é acompanhada de um rito no qual se asperge (*špk*) a água, como símbolo do pranto do arrependimento.

[14] Cf. BÁEZ, S. J. *La meditación en la experiencia orante de la Biblia*. In: CHECA, R. (ed.). *La oración en el Carmelo. Pasado, presente y futuro (Actas del Congreso O.C.D.)*. México: CEVHAC, 2002, pp. 83-91. Trad. it: *L'orazione nel Carmelo. Passato, presente e futuro. Atti del Congresso OCD. Messico 2002*. Roma Morena: Edizioni OCD, 2004, pp. 119-131.

meditação bíblica – que em contextos claramente oracionais a Bíblia não usa quase nunca verbos que exprimem ações intelectuais, como pensar ou refletir, que são reservados ao âmbito sapiencial.

Quando se refere à atividade orante, a Bíblia se serve fundamentalmente de duas raízes hebraicas: *hgh*, que indica na maior parte das ocorrências uma ação simples e intuitiva, ou seja, a repetição mais vezes em voz baixa, de modo sereno, quase silenciosa, de palavras com as quais se entra em relação pessoal com Deus (Cf. Js 1,8; Sl 1,2; 63,7; 77,3; 143,5; Pr 15,28; 24,2);[15] e *śyḥ*, que indica em primeiro lugar o ato de recitar com arte um poema ou um cântico como ato de louvor ao Senhor (Sl 104,34; 105,2), mas que em outros casos exprime claramente não a emissão de sons ou de palavras, mas uma ação interior de reflexão amorosa da palavra divina ou de diálogo com Deus (cf. Sl 119,15.23.27.48.97.99.148).[16]

Da raiz *hgh* derivam dois substantivos: *hāgût*, que indica a reflexão silenciosa no íntimo do coração, em oposição ao discurso verbal: "a minha boca exprime sabedoria, e a meditação (*hāgût*) do meu coração é sabedoria" (Sl 49,4), e *hāgîg*, um substantivo que indica o gemido orante em voz baixa, quase silencioso: "Senhor [...] sê atento ao meu sussurro (*hāgîg*)" (Sl 5,2); "ardia o coração no meu peito, no sussurro (*hāgîg*) inflamou-se o fogo" (Sl 39,3).

É significativa a evolução semântica da raiz *śyḥ*, que progressivamente vai indicando cada vez mais a atividade interior do orante que medita em silêncio, mas sem perder o seu matiz semântico original de expressão afetiva e de comunicação interpessoal. No Sl 119,15, por exemplo, o verbo *śyḥ* aparece em paralelo com o verbo *nbṭ*, "ver", "fitar", "contemplar": "Medito os teus decretos, contemplo as tuas veredas". E no v. 97 do mesmo salmo, o substantivo *śîḥâ*, da mesma raiz e que pode ser traduzido por meditação, aparece em relação com o verbo "amar": "Quanto amo a tua lei, Senhor! É a minha meditação (*śîḥātî*) todo o dia".

O verbo *hgh* comumente ocorre aparentado com o verbo *zkr*, "recordar", típico da fé de Israel.

---

[15] Cf. FRANKEN, H. J. *The Mystical Communion with JHWH in the Book of Psalms*. Leiden: Brill, 1954, p. 21.

[16] Cf. MÜLLER, H. P. "Die Hebräische Wurzel *śyḥ*". *Vetus Testamentum*, n. 19, 1969, p. 367.

O orante do salmo 63, por exemplo, confessa: "Em meu leito me recordo (*zkr*) de ti, penso (*hgh*) em ti durante as horas de vigília, pois foste o meu socorro" (vv. 7-8a). Um momento particularmente denso e adaptado à oração silenciosa, à recordação meditativa é a vigília noturna. Durante a noite, a recordação silenciosa da presença salvífica de Deus se torna oração, encontro autêntico com o "tu" divino, como demonstra a tríplice repetição do pronome em segunda pessoa. No silêncio noturno afloram as lembranças do dia vivido provavelmente no templo. Mais que "lembranças", aflora "uma única lembrança", a lembrança de Deus: "me recordo te ti, penso em ti".

Recordação (*zkr*) e meditação silenciosa (*hgh*) se transformam em alegria e louvor, em experiência de intimidade e de abandono, como mostram as expressões que o orante diz logo depois: "Exulto de alegria à sombra das tuas asas. Tenho a alma apegada a ti, e a força da tua direita me sustenta" (Sl 63,8b.9). O simbolismo das asas evoca o templo, onde o fiel experimentou a proteção amorosa do Senhor (cf. Sl 17,8; 27,5; 31,21; etc.). O verbo *dbg* (apegar-se, ligar-se, apertar-se) – usado frequentemente no Deuteronômio para indicar a adesão firme à *torah* do Senhor (Dt 10,12; 11,22; 13,5; etc.), que serve também para exprimir a comunhão conjugal entre o homem e a mulher, chamados a formar uma só carne (cf. Gn 2,24) – quer delinear de modo intenso e pessoal a relação que se cria entre Deus e o homem na oração. A direita de Deus, enfim, símbolo da força e do poder divino (Sl 18,36; 60,7; 73,23; etc.), evoca a segurança e o apoio que o orante encontra no Senhor.

A meditação bíblica, feita em voz baixa ou em silêncio, comporta sem dúvida um certo exercício mental, no sentido de que exige compreensão e aprofundamento: "Medito as tuas promessas" (Sl 119,148); "Medito a tua lei" (Sl 119,78). Mas o meditar bíblico não se limita ao simples pensar ou deduzir. É também e sobretudo atenção amorosa: "Medito os teus decretos, contemplo os teus caminhos" (Sl 119,15). O verbo que está traduzido por "contemplar" (*nbṭ*) indica exatamente um olhar atento, que sabe perscrutar. Nesse mesmo sentido se poderia lembrar aqui tantas expressões dos salmos, nas quais a oração é simplesmente olhar silencioso: "Levanto os olhos para ti, que habitas nos céus" (Sl 123,1); "Contemplai (*nbṭ*) e sereis radiantes" (Sl 34,6).

Orar quer dizer orientar-se de modo vital para Deus, voltar o olhar para ele, ir na direção do seu rosto, dirigir a palavra íntima do coração para a face do Deus vivo, numa tensão que vai do profundo do eu ao seu autêntico e presente "tu".

Ouvir Deus em silêncio

A meditação bíblica se torna, em alguns textos, um ato simplicíssimo de silêncio amoroso, a tal ponto que o orante pode dizer: "eu me recordo de ti" (Sl 63,7); "Tenho a alma apegada (*dbq*) a ti" (Sl 63,9). As palavras deixam lugar ao silêncio, o exercício mental se torna progressivamente abandono amoroso em Deus. Como ensina Santa Teresa de Jesus, a oração muitas vezes não é feita "com ruído de palavras, mas com vivo desejo de ser atendido",[17] pois Deus "não ama os que quebram a cabeça para fazer--lhe longos discursos".[18]

Para exprimir essa experiência contemplativa, o hebraico bíblico usa a raiz *dmm*, que indica tanto o silêncio como a atitude de quietude e serenidade: "A minha alma espera em silêncio (*dūmiyyâ*) só Deus" (Sl 62,2; cf. Sl 65,2); "Alma minha, ouve só Deus em silêncio" (Sl 62,6); "Silencia (*dôm*) diante do Senhor e espera nele" (Sl 37,7). Esperança e silêncio, confiança e silêncio. "Também o silêncio e a espera, longe de ser uma atitude passiva [...] são, ao contrário, sinais da confiança e da esperança, apesar do turbilhão escandaloso dos acontecimentos em relação aos quais se seria tentado a gritar e protestar".[19]

Plenamente presentes, plenamente em silêncio; numa plena calma interior, como se descreve em outro salmo: "Estou tranquilo e silencioso (*dômamtî*) como criança desmamada no colo da sua mãe, como criança desmamada minha alma (*nepeš*) está em mim" (Sl 131,2). Ao contrário do homem soberbo, que anda atrás de coisas grandes (Sl 131,1), o orante consegue tranquilizar a sua psique, o seu eu interior (*nepeš*). Ao alcançar tal estado de sossego e de silêncio, declara que está reconciliado interiormente, como criança que acabou de mamar. Nessa condição, o homem pode reencontrar a orientação do coração e do espírito em direção ao Deus vivo.

---

[17] *Vida* 15,7 (Santa Teresa di Gesù. *Opere Complete*. Milano: Paoline, 1988, p. 193).
[18] *Caminho de Perfeição* 29,6 (Santa Teresa di Gesù. *Opere Complete*, p. 788).
[19] Ravasi, G. *Il Libro dei Salmi*, I, p. 679.

É significativa a oração dos anciãos de Sião durante o exílio: a cabeça curvada para o chão, imóveis, e em silêncio absoluto (Lm 2,10), enquanto no seu íntimo emerge a presença de Deus. Aquele silêncio era vivido com uma atitude teologal profunda. Torna-se um momento de intensa comunhão com Deus. Enquanto as palavras faltavam, o israelita piedoso alimentava no coração a esperança, com a recordação da misericórdia divina, e renovava interiormente a própria fé no amor do Senhor. "Há algo que revolvo em meu coração e é a razão de minha esperança. As misericórdias do Senhor não terminam, sua compaixão nunca se esgota; elas se renovam todas as manhãs, grande é a sua fidelidade. 'O Senhor é a minha porção' – eu exclamo – 'por isso quero esperar nele'. O Senhor é bom para quem nele espera, para a alma que o busca" (Lm 3,20-25).

Conclusão

O orante, além de toda atividade mental e de todo esforço pessoal, vive só de fé, de amor e de esperança num Deus que fala no silêncio e que é encontrado no silêncio. O ato mais silencioso de todos é exatamente estar diante de Deus com aquela atitude de fé e de amor, a única com que a presença de Deus pode ser percebida. Como disse de modo esplêndido São João da Cruz: "O que mais precisamos fazer é conservar calados na presença deste grande Deus, o nosso espírito e a nossa língua, pois a linguagem que ele ouve é o amor silencioso".[20]

---

[20] *Carta a Ana de Jesus e demais carmelitas descalças de Beas*, 22 de novembro de 1587 (SÃO JOÃO DA CRUZ, *Obras completas*. Petrópolis: Vozes, em coedição com o Carmelo Descalço do Brasil, 1984, p. 951).

O SILÊNCIO DOS ÍDOLOS

Na Bíblia, a polêmica de tom irônico contra as divindades estrangeiras, de modo diferente dos outros textos semelhantes do Oriente Médio antigo, é muito frequente e constitui a forma privilegiada para falar das falsas divindades e dos ídolos.[1] A. Neher a chama de "estratégia bíblica do riso".[2] O silêncio dos ídolos é, na realidade, um falso silêncio, à medida que eles são seres inertes, que usurpam o divino. Na realidade, não têm a capacidade de falar, pois neles não há espírito vital e não são senão obra das mãos do homem e, portanto, podem apenas ser silenciosos.[3]

Israel confessa a transcendência e onipotência do seu Deus, o Deus verdadeiro e vivo, e ao mesmo tempo zomba dos ídolos dos outros povos, silenciosos, fechados em si mesmos, que nenhuma invenção artística, nenhum truque, por melhor que seja, pode tornar vivos: "O nosso Deus está no céu e faz tudo o que deseja. Os ídolos dos gentios são prata e ouro, obra de mãos humanas. Têm boca, mas não falam [...]. Têm mãos, mas não tocam; têm pés, mas não andam; não há murmúrio em sua garganta" (Sl 115,3.4-5a.7; cf. Dt 4,28; Sl 135,15-17); "Os ídolos são como um espantalho num campo de pepinos, não podem falar; devem ser carregados, porque não podem caminhar" (Jr 10,5; cf. Is 40,19-20; 44,12-17).

Os adoradores dos ídolos estavam, todavia, possuídos de uma certeza inabalável de que o ídolo sempre responderia. Um ídolo construído para falar, falará infalivelmente, mas tal palavra é apenas uma paródia da palavra real, como, igualmente, o seu silêncio é apenas um pseudossilêncio; quando ele fala, tudo na realidade se passa como se não falasse.[4]

---

[1] Cf. PREUSS, H. D. *Verspottung fremder Religionen im Alten Testament*. Beiträge zur Wissenschaft vom Alten un Neuen Testament 92. Stuttgart: Kohlhammer, 1971, p. 269.
[2] NEHER, A. *L'esilio della parola*, p. 87.
[3] Ibidem, pp. 88-89.
[4] Ibidem, p. 90.

Em dois textos, um narrativo e o outro profético, o silêncio das falsas divindades é expressão da sua condição inerte e sem vida. Em 1Rs 18,20-40, o mutismo de Baal, incapaz de responder às invocações insistentes dos seus seguidores, mostra a sua absoluta inexistência; em Hab 2,18-20, os ídolos não são senão pedras mudas, incapazes de falar e de agir, que põem em evidência o sem-sentido daqueles que os esculpem e os adoram.

Elias e os profetas de Baal no monte Carmelo (1Rs 18,20-40)

O texto conta o choque entre Elias e os profetas de Baal no monte Carmelo. O pano de fundo da narração é constituído pelo sincretismo religioso no qual se encontra o povo, sob a influência de uma religião estrangeira sustentada pela monarquia.[5] Toda a atuação de Elias está orientada para denunciar essa ambiguidade religiosa e deixar claro que o Senhor é o único Deus. O desafio proposto pelo profeta tende a provocar no povo uma decisão de fé, que exclui a existência de qualquer outra divindade diante do Senhor. O tema do silêncio é importante na narração: o povo se apresenta no início em silêncio, Baal permanece mudo durante todo o conto, o Senhor responde em silêncio com o fogo e, no fim, os profetas de Baal são calados e condenados a morrer.

O silêncio inicial do povo

O rei Acab aceita o desafio de Elias e reúne todo o povo e os profetas de Baal no monte Carmelo (v. 20). A primeira ação realizada por Elias é aproximar-se do povo e interrogá-lo: "Até quando claudicareis com as duas pernas?" (v. 21a). O verbo claudicar[6] exprime a condição de ambiguidade

---

[5] A maioria dos autores reconhece um núcleo histórico no relato. Para uma discussão sobre a historicidade do evento cf. WÜRTHWEIN, E. "Die Erzählung von Gottesurteil auf dem Karmel". In: *Zeitschrift für Theologie und Kirche*, n. 58, 1962, pp. 141-144. Sobre a história da formação da narração, cf. WÜRTHWEIN, E. *Die Bücher der Könige*. Das Alte Testament Deutsch 11/2. Göttingen: Vandenhoeck & Ruprecht, 1984, pp. 251-259; JONES, G. H. *1 and 2 Kings,* I. New Century Bible. Grand Rapids: Eerdmans, 1984, pp. 310-311.

[6] O verbo "claudicar" traduz o hebraico *psh*, que pode significar "saltar sobre", "atravessar" (Ex 12,13.23.27), ou "coxear", "ser coxo ou ficar coxo". Em geral, aceita-se para 1Rs 18,21 o segundo significado. A expressão "coxear com os dois pés" (em

religiosa em que o povo se encontra, que indistintamente procura apoio tanto no Senhor como em Baal. Elias exige uma opção exclusiva, pelo fato de que um só é o verdadeiro Deus, e assim coloca o povo diante de uma decisão radical: "Se o Senhor é Deus, segui-o; se é Baal, segui-o" (v. 21b).

Diante de tal dilema, o povo fica em silêncio: "não lhe respondeu nada" (v. 21c). Na consciência da fé da maioria de Israel, não se percebe a problemática apresentada por Elias. O povo está tão habituado ao sincretismo religioso, que não consegue captar o alcance da alternativa posta pelo profeta e não sabe que resposta dar. Pode ser também que, com aquele silêncio, o povo se recusasse a comprometer-se, manifestando publicamente uma escolha religiosa, por medo de sofrer uma repressão violenta da parte da monarquia (cf. 1Rs 18,4.13).[7] Em todo caso, o silêncio do povo é o cenário imediato do choque que está por vir.

Dado que o povo não sabe o que responder, então deverá ser o verdadeiro Deus a dar uma resposta. Elias propõe um desafio aos profetas de Baal, diante do povo e em condições idênticas (vv. 22-23): tomar dois novilhos, um para os profetas de Baal e o outro para ele; eles invocarão o deus deles, Elias invocará o Senhor; eles não devem atear fogo à sua oferta, nem Elias o fará com a dele.

Não se trata de saber qual das duas divindades é mais poderosa ou de decidir quem é o Deus de Israel, mas de saber quem é o único e verdadeiro Deus. O critério decisivo é claramente estabelecido: "A divindade que responder, enviando fogo, é o Deus" (v. 24). A prova com o fogo era decisiva, visto que tanto o Senhor como Baal eram apresentados em relação com esse elemento (cf. Ex 3,12; 13,21; Is 33,11.14; etc.). A ação decisiva é responder.[8] O Deus que responder com o fogo à invocação demonstrará que é o único capaz de escutar e agir e, aceitando a oferta, deixará claro que é absurdo oferecer vítimas a outros deuses.

---

hebraico: $pōs^eḥîm$ $'al$ $š^etê$ $hass^e$ $'ippîm$) foi interpretada por R. de Vaux ("Les prophètes de Baal sur Le mont Carmel". *Bulletin du Musée de Beyrouth*, n. 5, 1941, pp. 9-11) como uma alusão à dança ritual dos profetas de Baal (cf. v. 26). A paronomásia entre $pōs^eḥîm$ e $s^e ippîm$ poderia fazer pensar simplesmente numa frase proverbial popular, que fazia referência a um movimento oscilatório.

[7] Cf. HAUSER, A. J. & GREGORY, R. "From Carmel to Horeb". *Journal for the Study of the Old Testament*. Supplement Series 85. Sheffield: The Almond Press, 1990, p. 37.

[8] O verbo "responder" ('nh) ocorre oito vezes na narração (vv. 21.24.26-29.37).

O silêncio de Baal

Os profetas de Baal tomam o novilho escolhido e começam a invocar o seu deus durante um dia inteiro (vv. 25-29). Três indicações temporais, que compreendem o arco de um dia, mostram ironicamente que eles ocuparam todo o tempo necessário: "desde a manhã até o meio-dia" (v. 26); "quando se fez meio-dia" (v. 27); "passado o meio-dia" (v. 29). Durante todo o dia multiplicaram os seus esforços, gritando e realizando os seus ritos costumeiros, mas tudo será inútil.

Durante toda a manhã invocam o nome de Baal: "Baal, responde-nos" (v. 26a). Porém, por mais que se esforcem, não obtêm nenhuma resposta. A descrição desse silêncio soa em hebraico, literalmente, assim: "Não havia uma voz, não havia alguém que respondesse" (v. 26b). Não se percebeu nenhum som nem ninguém que tivesse dado sinais de vida. Sobre os profetas de Baal se abate apenas um silêncio absoluto. À inutilidade dos gritos para obter uma resposta eles acrescentam agora o esforço dos seus ritos: "e eles dançavam com o joelho dobrado em redor do altar que tinham erguido" (v. 26c).

Exatamente ao meio-dia, Elias começa a zombar de Baal e dos seus profetas com sarcasmo: "Gritai mais alto, pois, sendo um deus, ele pode estar meditando ou fazendo negócios ou, então, viajando; se por acaso estiver dormindo, despertar-se-á" (v. 27).[9] As palavras sarcásticas de Elias são expressão da fé inabalável no Senhor como Deus único e verdadeiro e da sua convicção acerca da impotência radical de Baal. Com os seus antropomorfismos sarcásticos está dizendo claramente que Baal não é Deus. A sua zombaria serve para desnudar Baal de toda característica divina e para privar o seu silêncio de todo alcance teológico possível. Não se trata

---

[9] "Estar meditando ou fazendo negócios" traduz a expressão hebraica śyḥ wᵉśîg, que, segundo o Targum e muitos autores antigos e modernos, é um eufemismo para "defecar" (cf. BÁEZ, S. J. *Tiempo de callar y tiempo de hablar*, p. 156). Ver também MÜLLER, H. P. "Die Hebräische Wurzel śîaḥ", 369; RENDSBURG, G. A. "The Mock of Baal in 1 Kings 18:27". *Catholic Biblical Quarterly*, n. 50, 1988, pp. 414-417. O motivo do despertar da divindade é conhecido no antigo Egito (cf. ERMAN, A. *The Literature of the Ancient Egyptians: poems, narratives and manual of instructions, from the third and second millennia B.C.* London: Methuen, 1927, p. 12) e é uma metáfora que ocorre aplicada a Yhwh na Bíblia (Sl 44,24; 78,65; 121,4; etc.).

de um Deus que se cala, mas de alguém que não pode absolutamente falar, exatamente porque é inexistente.

Elias escarnece os profetas de Baal dizendo-lhes: "Gritai mais alto" (v. 27). E eles o fazem: "Gritaram mais alto" (v. 28), redobrando assim os seus esforços iniciais para invocar o seu Deus. Chegam até a fazer incisões com instrumentos cortantes, até escorrer sangue, segundo o costume deles (v. 28), e depois, ao meio-dia, entram em transe até a hora da oferta (v. 29).

Em contraste aberto com a frenética atividade dos seus profetas, sempre mais intensa, Baal permanece silencioso e inativo. O narrador o faz notar pela segunda vez, repetindo quase literalmente o texto hebraico do v. 26: "não houve nenhuma voz, nem alguém que respondesse, nem alguém que prestasse atenção" (v. 29). Ao fazer isso, o texto enfatiza mais ainda o silêncio de Baal, incapaz de reagir e de dar sinais de vida. Baal, com o seu mutismo, demonstrou que é inexistente e sem vida; e os seus profetas, com o seu esforço inútil e prolongado, foram escarnecidos e ridicularizaram o seu deus.

A resposta do Senhor

A partir do v. 30 se narra a ação realizada por Elias: a preparação da sua oferta e a invocação dirigida ao Senhor. De modo diferente dos seus adversários, o seu comportamento está marcado pela serenidade e pela confiança, pois o seu Deus não tem necessidade de gritos, nem de danças rituais, nem de mortificações corporais. O Senhor é o Deus verdadeiro, que escuta e intervém com poder e se mostra sempre próximo e atento às súplicas daqueles que o invocam. Essa convicção de fé é uma das pedras fundamentais da experiência bíblica de Deus. A *torah* se baseia nesta convicção: "Qual grande nação tem a divindade tão perto de si como o Senhor nosso Deus está perto de nós toda vez que o invocamos?" (Dt 4,7). Os salmistas não duvidam disso: "O Senhor está próximo de todos os que o invocam, de todos os que o buscam de coração sincero" (Sl 145,17). Os profetas o afirmam mais vezes: "Vós me procurareis e me encontrareis, porque me procurareis de todo coração" (Jr 29,13). "Então o invocarás e o Senhor te responderá; pedirás ajuda e ele dirá: 'Eis-me aqui!'" (Is 58,9).

Elias pede ao povo para aproximar-se (v. 30) e reconstruir o altar do Senhor para apresentar a sua oferta (vv. 31-32).[10] Com esse gesto, que recorda Josué (Js 4,9) e Moisés (Ex 24,4), Elias reconstrói simbolicamente Israel.[11] Depois derrama quatro talhas de água sobre o novilho e o altar (vv. 33-35) e no momento da oferenda se aproxima para orar (vv. 36-37). Dirige-se ao Senhor invocando-o como Deus de toda a nação e lhe pede que se faça reconhecer como Deus verdadeiro: "saiba-se hoje que tu és Deus em Israel" (v. 36); "que este povo saiba que tu, Senhor, és Deus" (v. 37).

Como os profetas de Baal (v. 26), também Elias pede uma resposta da parte do Senhor: "Responde-me, Senhor, responde-me" (v. 37). Mas enquanto os primeiros, ridicularizados e frustrados, são envolvidos por um silêncio profundo, a resposta do Senhor não se faz esperar: "Então caiu o fogo do Senhor, que devorou o holocausto e a lenha, as pedras e a poeira, e secou a água da vala" (v. 38).

A expressão "fogo do Senhor" indica uma presença divina no fogo. O Senhor responde a Elias tornando-se presente num fogo que consome tudo com poder irresistível, sinal inequívoco da presença divina. O Senhor respondeu de forma pública e eficaz. Impôs-se sobre o silêncio de Baal, incapaz de reagir porque não existe. Mas, sobretudo, o Senhor conseguiu romper o silêncio indeciso e covarde do povo (cf. v. 21). A repetição do verbo "cair", *npl*, nos vv. 38-39, o coloca em evidência: quando "o fogo do Senhor *cai*" (v. 38), "todos *caíram* por terra e exclamaram: o Senhor é Deus, o Senhor é Deus" (v. 39).[12] Com o silêncio inicial do povo contrasta agora a sua confissão de fé, que é o maior efeito produzido pela resposta do Senhor.

---

[10] O relato, numa espécie de inclusão, usa o mesmo verbo "aproximar-se" (*ngš*) no início (v. 21) e no final do texto (v. 30).

[11] Os comentadores reconhecem nos vv. 31-32 dois relatos distintos, tanto pelo argumento como pelo estilo. Um faz alusão à reparação de um altar que fora demolido (v. 30b) e o outro a um altar que Elias constrói (vv. 31.32a). (Cf. Würthwein, E. *Die Bücher der Könige*, p. 216.) No texto final, as duas redações foram entrançadas num relato que não apresenta nenhuma contradição importante.

[12] A dupla repetição dá intensidade à confissão do povo. Na exclamação hebraica *yhwh hû' hā'ĕlōhîm*, o acento é posto no pronome *hû'*, "ele", colocado ao lado da frase, enfatizando desse modo a condição divina de Yhwh, em oposição a Baal.

O reconhecimento do povo é a verdadeira culminância da narração.[13] No entanto, a morte dos profetas de Baal com que o relato termina (v. 40) mostra a ligação estreita que existe entre o silêncio do falso deus e o dos seus seguidores. Eles, que gritavam freneticamente a Baal, sem ter obtido nenhuma resposta, agora são reduzidos ao silêncio. Não são aniquilados apenas no plano religioso com a manifestação do Senhor, mas também fisicamente entram no silêncio da morte.[14] De Baal e dos seus seguidores resta apenas o silêncio.

É significativo que os fiéis de Baal e o próprio Elias, seguidor do Senhor, sejam apresentados no início do relato como "profetas" (vv. 20.22; cf. vv. 25.36.40), ou seja, como homens da palavra. Dos primeiros, aliás, só podem ser ouvidos alguns gritos, enquanto fazem gestos insensatos e exagerados, como se o narrador quisesse negar abertamente a sua capacidade profética. Na realidade, em todo o relato, Elias é o único a falar, no sentido pleno do termo. O povo, no início, diz no máximo alguns monossílabos e, no fim, pronuncia o reconhecimento do Senhor, exatamente graças às palavras de Elias.

Baal se cala. Deus, ao enviar o fogo, fala sem falar. Elias, porém, provoca a palavra do povo, interpreta com as suas palavras irônicas o silêncio de Baal, explica ao povo a resposta do fogo, mas, sobretudo, Elias ora. A sua palavra orante é determinante na narração. Com a oração, Elias encontra a verdadeira solução para o drama do silêncio. No fim, os seguidores de Baal, falsos profetas sem palavras, emudecem na morte; Elias, ao contrário, o profeta do Senhor, é reforçado na sua ação profética pela resposta silenciosa mas pública e exaustiva do Deus vivo e verdadeiro.

---

[13] A narração original concluía no v. 39. No relato atual, porém, a conclusão se encontra no v. 40. Desse modo a mensagem da narração primitiva foi substancialmente transformada. Não terminava mais com o triunfo de Yhwh sobre Baal, mas com o triunfo do profeta de Yhwh sobre os profetas de Baal (cf. WÜRTHWEIN, E. *Die Bücher der Könige*, p. 219).

[14] A ordem de Elias para matar os profetas de Baal pode ser explicada à luz da lei do talião (Ex 21,24-25), da destruição do anátema (Dt 7,16-17.26), ou da condenação dos idólatras à morte (Dt 13,13-19). Sobre a problemática desse versículo, cf. JONES, G. H. *1 and 2 Kings*, pp. 324-325.

Os ídolos são "pedras mudas" (Hab 2,18-20)

Este oráculo conclui a série de cinco "ais" contra o opressor em Hab 2,6b-20.[15] O texto é uma dura crítica aos ídolos e àqueles que os invocam e confiam neles. Destaca-se com ironia a vacuidade de tais objetos, dado que, não obstante o seu aspecto externo, eles não possuem sopro de vida e são incapazes do ato da palavra.

Pois bem, oferecemos uma tradução nossa do texto hebraico do oráculo, que se distancia tanto em alguns termos como na ordem dos versículos da tradução proposta pelo texto italiano da CEI:[16]

[18]De que serve uma escultura, que foi esculpida pelo seu artífice, estátua fundida e mestre de falsidade,
para que o artífice que a modelou confie nela, fazendo ídolos mudos?

[19]Ai daquele que diz à madeira: "desperta!" e da pedra muda: "ela te ensinará".
Pois ela está coberta de ouro e de prata, mas dentro não há sopro vital.

[20]Mas o Senhor reside no seu templo santo.
Cala-te diante dele, terra inteira.

O oráculo inicia-se com uma pergunta retórica que serve para introduzir a temática da ineficácia das imagens idolátricas: "De que serve uma escultura, que foi esculpida pelo seu artífice?" (v. 18a). O escultor do ídolo é chamado *yōṣēr*, artífice, oleiro, um termo que tem a mesma raiz do verbo com o qual se descreve Deus que modela o homem, no segundo relato da criação (cf. Gn 2,7). O ato de realização de uma escultura, que depois é identificada com a divindade, é apresentado como contrário ao ato criador de Deus. É inútil e absurdo que o homem construa algo com as suas mãos e atribua à sua obra qualidades e ações que são próprias de Deus, "para que o artífice que a modelou confie nela" (v. 18c).

O outro verbo hebraico que se emprega para descrever a fabricação do ídolo é *'sh*, fazer: "fazendo ídolos mudos" (v. 18c). Também esse verbo está

---

[15] Sobre as características formais, a possível origem deste gênero literário e profético e seu uso no livro de Habacuc, pode ser vista uma ótima síntese em HAAK, R. D. *Habakkuk. Vetus Testamentum Supplements* n. 44. Leiden: Brill, 1992, pp. 20-21.

[16] Para uma justificação da nossa tradução, ver BÁEZ, S. J. *Tiempo de callar y tiempo de hablar*, pp. 161-165. [A tradução brasileira também se afasta da Bíblia Vozes e da Bíblia de Jerusalém. N.T.]

em relação com o ato criador de Deus e é utilizado, sobretudo, no primeiro relato da criação (Gn 1,7.16.25.26; cf. Gn 2,3). A ironia do oráculo é clara: o homem, "feito" por Deus, utiliza a sua capacidade criativa para "fazer" um deus.[17]

O ídolo fabricado pelas mãos do homem é apenas "uma escultura esculpida", uma "estátua fundida", "coberta de ouro e de prata", uma realidade sem vida, já que "dentro não há sopro vital". Mas o texto centra a sua crítica aos ídolos principalmente no mutismo radical que os caracteriza. Os ídolos, de fato, são chamados: *'ĕlîlîm 'illᵉmîm*, "ídolos mudos"; *'eben dûmām*, "pedra muda", expressões que evidenciam a ausência de vida que é própria deles.[18]

A expressão "mestre de falsidade", porém, faz supor que existiriam oráculos que eram atribuídos aos ídolos. Esse epíteto ocorre apenas mais uma vez em Is 9,14, onde designa os profetas que desviaram ou perverteram o povo, instruindo-o com oráculos falsos. Habacuc define os ensinamentos dos ídolos como oráculos falsos não porque não sejam confiáveis, mas, sobretudo, porque são atribuídos como ditos por uma "pedra muda" incapaz de falar. A verdadeira fonte do oráculo evidentemente não era o ídolo, mas as mãos humanas que o manipulavam.

Isso explica a invectiva do v. 19: "Ai daquele que diz à madeira: 'desperta!' e da pedra muda: 'ela te ensinará'". O mutismo radical do ídolo consiste não tanto no fato de não falar, mas na incapacidade de manter uma relação pessoal com aquele que o invoca e de instruí-lo através de um oráculo ou ensinamento. Nesse contexto, utiliza-se a raiz *yrh*,[19] ensinar,

---

[17] Cf. ALONSO SCHÖKEL, L. & SICRE, J. L. *Profetas*. II. Madrid: 1980, p. 1105. Trad. it. *I profeti*, 2 vol. Roma: Borla, 1984.

[18] O qualificativo *'illᵉmîm*, "mudos", é um particípio plural do verbo *'lm*, que comumente tem o significado de "ser mudo", à medida que está impossibilitado de utilizar os órgãos da fonação; o adjetivo adverbial *dûmām*, como já tivemos ocasião de observar no capítulo "O silêncio e a morte", tem um nexo estreito com o *dûmâ*, o lugar mortal do eterno silêncio (cf. BÁEZ, S. J. *Tiempo de callar y tiempo de hablar*, pp. 41-43).

[19] O verbo *yrh*, "ensinar", "instruir", possui forte conotação sapiencial (cf. Pr 4,4.11; 6,13; 26,18; Jó 6,24; 8,10; 12,7-8; 27,11; 34,32; etc.). Esse verbo pressupõe uma relação entre duas entidades pessoais (ou concebidas pessoalmente): o instrutor que reclama autoridade e quem recebe a instrução, que deverá ter algumas expectativas em relação ao mestre (o pai de família e o filho; o sacerdote e o fiel; o mestre de sabedoria

instruir, que, por um lado, é a raiz de *torah*, o que leva a supor que haja no texto a intenção de apresentar os ídolos e a sua incapacidade de instruir pessoalmente, em antagonismo com o Senhor e o dom da sua lei; por outro lado, o caráter sapiencial da raiz *yrh* põe em destaque a dimensão de perversão ética das imagens idolátricas, que permitem a manipulação e a mentira por parte daqueles que se servem delas. O ídolo mudo não pode responder a quem o invoca, por isso é ridículo esperar que possa emitir uma mensagem. Só o Senhor pode ensinar a Israel aquilo que lhe convém: "Eu sou o Senhor, teu Deus, que te ensina para o teu bem, que te guia pelo caminho que deves trilhar" (Is 48,17).[20]

Todo o oráculo é uma zombaria dos ídolos, para exaltar o Deus de Israel. Em clara oposição com as esculturas inertes dos falsos deuses, ergue-se solene no templo o único Senhor: "O Senhor reside no seu templo santo. Cala-te diante dele, terra inteira". A expressão é sóbria, somente se menciona o Nome de Deus, sem títulos nem descrições teofânicas. Enquanto os ídolos permanecem mudos, o Senhor aparece glorioso no seu templo, e diante dele a terra inteira se cala em reverente adoração. À absurda atividade do homem que constrói imagens idolátricas, se opõe o silêncio de todo o cosmo diante da presença do único Deus verdadeiro. O Senhor impõe silêncio até aos oráculos mentirosos. Todos devem escutá-lo. Ao esforço vão do sacerdote pagão que invoca o ídolo mudo se contrapõe o Senhor, que se dirige aos homens de toda a terra desde o seu templo santo, para comunicar a sua palavra.

Conclusão

A religião de Baal, no tempo de Elias favorecida pelo poder monárquico, era sem ética, sustentava ideologicamente uma política oficial injusta,

---

e o discípulo etc.). Em alguns casos o orante pede a Yhwh que ensine (*yrh*) os seus caminhos (Sl 27,11; 32,8; 86,11) ou as suas normas (Sl 119,33). Esse verbo é também o verbo típico da instrução sacerdotal (2Rs 17,27; Mq 3,11). Em alguns textos o próprio Deus é o sujeito do verbo, quando ensina a sabedoria, ou oferece algum oráculo de salvação (Ex 4,12.15; Jz 13,8; 1Rs 8,36; Is 2,3; Mq 4,2) [Cf. WAGNER, S. "yrh", "yârâh", *Theologisches Wörterbuch zum Alten Testament*, II, pp. 909-916. Trad. it. *Grande lessico dell'Antico Testamento* (org. por BOTTERWECK, G. J. & RINGGREN, H.). Brescia: Paideia, 1988].

[20] Is 48,17 é o único texto profético no qual se afirma que apenas Yhwh ensina o seu povo aquilo que é bom, literalmente, em hebraico, "o que é útil (*y'l*)".

violenta e desumana. É sintomático que uma seção do livro de Habacuc, toda ela dedicada à condenação da injustiça, conclua com o tema da idolatria. Existe um nexo entre a idolatria e a injustiça, porque os ídolos, de todos os tempos, justificam e até consagram a conduta dos seus devotos, não exigem nenhum tipo de comportamento moral, não pedem nem a justiça nem o direito.[21] Por isso, na origem de toda injustiça se encontra sempre algum tipo de ídolo, ao qual o homem se submete e com o qual procura justificar a sua conduta. De modo diferente do Senhor, o Deus de Israel, que fala e cuja palavra se manifesta na *torah*, os ídolos são mudos e não exigem nenhum tipo de comportamento ético.

O problema dos ídolos, quais "deuses ausentes", "deuses ao alcance da mão", "realidades mudas", continua a ser atual. Até os crentes podem criar ídolos para si, mas "quando o Nome ou a imagem de Deus são usados em vão ou são diretamente manipulados e pervertidos, quando a instituição é tirada da primazia do Espírito, quando a lei é separada da misericórdia, quando se diviniza a obra das mãos do homem, quando o Deus da vida se torna o cúmplice da opressão e da violência, então Deus não está lá onde há crentes que se remetem a ele, Deus está em outro lugar [...]".[22]

A luta contra os ídolos de ontem e de hoje consiste fundamentalmente em ouvir a palavra do único e verdadeiro Deus. Diante dos ídolos silenciosos que exigem como preço de veneração a vida dos homens, e diante das imagens distorcidas do Deus verdadeiro que fundamentam os novos caminhos da incredulidade, aos crentes se pede a escuta obediente do único Deus, que com a sua palavra poderosa e exigente revela o seu projeto de vida e de salvação para os homens e impõe silêncio para ser escutado e obedecido. Ele não é como os ídolos mudos. Ele é, ao mesmo tempo, palavra e silêncio, a ponto de até quando se cala, quando decide retirar a sua palavra, fala e se revela. Nele coincidem misteriosamente a palavra e o silêncio, como sinal da sua absoluta transcendência e da sua radical alteridade.

---

[21] Cf. ALONSO SCHÖKEL, L. & SICRE, J. L. *Profetas*. II, p. 1104.
[22] BIANCHI, E. "L'incredulità del credente". In: MARTINI, C. M. (ed.). *Chi è come te fra i muti? L'uomo di fronte al silenzio di Dio*. VI Cattedra dei non credenti. Milano: Garzanti, 1993, p. 98.

DEUS É SILÊNCIO

Numa excelente perspectiva teológica, o silêncio constitui uma rica metáfora da transcendência e do mistério de Deus. O Deus vivo se revela como mistério de amor e de vida através da palavra que o manifesta e do silêncio que, paradoxalmente, o oculta. A revelação bíblica é, de fato, o evento da Palavra, que procede do Silêncio e que leva em si o Silêncio. Deus se revela retraindo-se; torna-se presente enviando-nos à ausência; torna-se ausente dando espessura e profundidade eterna à sua presença.[1]

A experiência desconcertante do silêncio de Deus, percebido como distante ou ausente da história, atormentou a consciência de crentes e de não crentes. Nas épocas florescentes de otimismo, parece fácil identificar a sua ação libertadora e vivificante, mas quando a história mostra o seu rosto tenebroso e caótico, tudo se torna indecifrável, e Deus parece paradoxalmente indiferente e até inexistente.

No entanto, o silêncio de Deus não pode ser limitado às dolorosas experiências da sua aparente ausência ou a determinadas épocas históricas nas quais ele parece não intervir para salvar. O próprio Deus é silêncio. Mas não é um ídolo mudo. Deus está além de qualquer palavra, de qualquer pensamento e de qualquer conceito.

O "antes" da Palavra

O relato sacerdotal da criação (Gn 1,1–2,4a) apresenta o ato criador como efeito da palavra de Deus.

No v. 2 se descreve o "antes" da criação: "a terra estava informe e deserta (*tōhû wābōhû*) e as trevas cobriam o abismo e o vento de Deus (*rûaḥ 'ĕlōhîm*) pairava sobre as águas" (Gn 1,2). A expressão *tōhû wābōhû*[2] indica

---

[1] Cf. FORTE, B. *Teologia della storia*, p. 73.
[2] Essas duas palavras hebraicas (*tōhû wābōhû*) ocorrem juntas também em Is 34,11 e Jr 4,23, com o sentido de espaço desolado e vazio. O termo *tōhû* ocorre só no Sl 107,40; Jó 6,18; 12,24; Is 29,21; Dt 32,10; 1Sm 12,21; no Segundo Isaías em 40,17; 41,29;

uma realidade desolada, deserta, vazia, triste, que diz exatamente ausência de vida, silêncio absoluto. Essa "não ainda terra" e esse "não ainda céu" evocam a imagem de um céu e de uma terra anteriores à criação. "Esta é a situação primordial: não o 'nada', nem um caos que deve ser ordenado, mas uma situação de 'antes de qualquer coisa' ou de 'ainda não', com respeito ao que deverá acontecer. Até Deus ainda não é o Deus criador, mas esvoaça sobre as águas como um espírito de Deus indeterminado."[3]

A expressão *rûaḥ 'ĕlōhîm* foi interpretada de diversas maneiras,[4] mas a partir do contexto do relato, no qual Deus age e transforma todos os elementos presentes, no v. 2, indica, ainda que de modo discreto, "o espírito" ou "o sopro" de Deus, ou o dinamismo e a força da presença de Deus, princípio e origem de toda realidade criada, energia vital por excelência. Antes que a criação surja da palavra divina (v. 3), o texto bíblico alude a um "sopro" divino, silencioso. "A *rûaḥ 'ĕlōhîm* representa Deus, como ele é antes de começar a criar, e como aquele Deus que até agora não tem relações com 'seres', porque eles ainda não existem. No momento em que Deus começa a falar, Deus cessa de ser *rûaḥ 'ĕlōhîm* e se torna *'ĕlōhîm*, o Deus criador".[5]

É significativo exatamente que *rûaḥ 'ĕlōhîm* seja o único termo do v. 2 que não é retomado na sequência do relato. Esse "sopro" divino se torna "palavra" divina, o silêncio se torna palavra criadora.[6] Aliás, toda

---

44,9; 45,18; 49,4. Comumente o termo *tōhû* indica o deserto, ou seja, o espaço onde não há caminhos, onde não é possível orientar-se, e evoca um mundo vazio e estéril, semelhante à nulidade dos falsos deuses (1Sm 12,2; Is 40,17.23; 41,29; etc.).

[3] Van Wolde, E. *Racconti dell'Inizio. Genesi 1–11 e altri racconti di creazione.* Brescia: Queriniana, 1999, p. 25.

[4] Cf. Moscati, F. "The Wind in Biblical and Phoenician Cosmogony". *Journal of Biblical Literature*, n. 66, 1947, pp. 305-310; Orlinsky, H. M. "The Plain Meaning of *ruah* in Gn 1,2". *The Jewish Quarterly Review*, n. 48, 1957/58, pp. 174-182.

[5] Van Wolde, E. *Racconti dell'Inizio*, p. 24.

[6] A. Wénin, que interpreta a expressão *rûaḥ 'ĕlōhîm* como "tempestade de Deus Pai", fez notar esta relação entre "sopro" divino e "palavra" criadora em Gn 1: Deus teria modulado o próprio sopro, "de modo tal que este não seja mais furacão, cuja violência participa do caos, mas força de vida, cuja suavidade faz existir, pois cada palavra verdadeira é desejo do outro" (Wénin, A. *Pas seulement de pain... Violence et alliance dans la Bible. Essai.* Paris: Cerf, 1995, pp. 35-36). Trad. it. *Non di solo pane... Violenza e alleanza nella Bibbia*. Bologna: 2004, p. 32.

vez que se fala, é isso que acontece, a palavra é apenas um sopro modulado que se torna linguagem: "Pela palavra do Senhor foram feitos os céus, pelo sopro de sua boca, todos os astros" (Sl 33,6). O sopro divino está presente na criação em forma de palavra, de modo tal que o "Espírito", (*rûaḥ*) e a "Palavra" (*dābār*) serão "duas formas de revelação constantemente contemporâneas".[7]

Antes do v. 3, no qual o dito divino "Haja luz", como enunciado performativo, inicia o processo criativo, tudo é silêncio. Um silêncio que representa a origem de todas as coisas, até o divino se identifica com o silêncio.[8] Um silêncio que é, portanto, metáfora da transcendência divina e que, por alguns aspectos, se pode dizer que coincide com o próprio Deus. Mas esse "antes" da palavra não indica apenas ausência de palavra, não é simplesmente a negação da palavra, mas a indizibilidade da palavra. Esse silêncio originário representa aquele que está além da palavra, sempre inexprimível na inadequação da linguagem humana.

A afirmação de Deus como Silêncio originário que se revela na Palavra tem, enfim, para a própria linguagem teológica, consequências que são de grande alcance: "Todo pensamento construído a partir deste início e fundamento será, por sua vez, originariamente dialético, tensionado entre afirmação e negação, entre silêncio e palavra..., se Deus, ao se dizer, abriu o caminho ao silêncio mais abissal do qual vem a Palavra e para o qual ela se entreabre, então toda palavra da revelação é entrada para o Ilimitado, porta do Infinito, que não se deixa prender nos esquemas deste mundo".[9]

Uma voz de silêncio sutil (1Rs 19,9-18)

Em 1Rs 19,9-18 se conta a experiência vivida por Elias, o profeta por excelência na tradição judeu-cristã, no monte Horeb, onde chegou depois de uma longa caminhada pelo deserto, para onde se dirigira fugindo com medo da rainha Jezabel, que o procurava para vingar os profetas de Baal, mortos por ele no monte Carmelo (1Rs 18,40; 19,1-8).[10] Elias não vive ape-

---

[7] Cf. NEHER, A. *L'essenza del profetismo*. Casale Monferrato: EDB, 1984, p. 95.

[8] Cf. MARTINI, C. M. *Il silenzio*, p. 49.

[9] FORTE, B. *La sfida di Dio. Dove fede e ragione si incontrano*. Milano: Mondadori, 2001, p. 10.

[10] Sobre a complexa formação de 1Rs 19,9-13, cf. FOHRER, G. *Elia*. Abhandlungen zur Theologie des Alten und Neuen Testaments 31. Zürich: Zwingli, 1968, p. 447. No

nas um momento de perturbação e de medo, mas uma verdadeira crise religiosa. Onde está o Deus a quem ele obedeceu e serviu? Deus não age para protegê-lo, cala-se, parece distante e até indiferente. Elias, não obstante aquilo que viveu, não consegue ainda sentir esse Deus absolutamente de seu lado. É um Deus que continua "outro". É a noite do profeta. Tudo o que fez não o convence, sente-se derrotado, solidário com os pecados dos seus antepassados; em suma, desejaria que sua vida tivesse um fim (1Rs 19,4).

Além disso, Elias começa a entender o próprio limite e as condições da sua experiência e missão. Muito provavelmente se deu conta de ter estado mergulhado num jogo de poder entre o Senhor e Baal; entre o rei Acab e ele, o representante do Senhor; entre ele, profeta do Senhor, e os profetas de Baal. Agora, nesse confronto de potências, Elias percebe que não é necessariamente o mais forte. O profeta se deu conta, ademais, que uma missão fundamentada na força e na concorrência não está em condições de derrotar a ameaça do baalismo, antes, contribuiu para aumentar a lógica da perseguição e da morte (1Rs 19,1-5).[11]

Elias chega ao Horeb

Paradoxalmente, Elias deverá percorrer um caminho oposto ao feito por Israel durante quarenta anos, quando saiu do Egito. Elias caminhará durante quarenta dias e quarenta noites, da terra prometida em direção ao monte Sinai (Horeb), numa espécie de peregrinação rumo ao lugar original da Aliança (cf. Ex 19), o lugar onde Deus tinha manifestado o seu nome santo a Moisés (cf. Ex 3,1-6) e o tinha coberto com a sua mão na caverna quando passou diante dele (cf. Ex 33,18-23). Desse modo, o Senhor transforma a crise de Elias em caminho de fé e de amadurecimento da sua experiência de Deus. O seu caminho para o Horeb não é apenas físico, mas,

---

entanto, a complexa formação literária do texto não impede uma interpretação global do relato na forma atual (cf. CHILDS, B. S. "On Reading the Elijah Narrative". *Interpretation*, n. 34, 1980, p. 130; COHN, R. L. "The Literary Logic of 1 King 17-19". *Journal of Biblical Literature*, n. 101, 1982, pp. 333-350; HAUSER, A. J. "Yahweh versus Death". In: HAUSER, A. J. & GREGORY, R. *From Carmel to Horeb*, pp. 67-77).

[11] Cf. WÉNIN, A. *L'homme biblique. Anthropologie et éthique dans le Premier Testament*. Paris: Cerf, 1995, p. 138. Trad. it. *L'uomo biblico. Letture nel Primo Testamento*. Bologna: EDB, 2005, p. 150.

antes de tudo, espiritual, ou seja, o caminho da sua elaboração da imagem de Deus, um caminho no qual o rosto de Deus lhe parecerá diferente daquele que conheceu, que anunciou e que defendeu. Elias atravessa uma crise que desembocará numa nova concepção de Deus.

Tendo chegado ao Horeb, Elias entra numa caverna, como Moisés no passado, para aí passar a noite (v. 9a), mas o Senhor o interpela dizendo-lhe: "O que fazes aqui, Elias?" (1Rs 19,9). A palavra de Deus é, antes de tudo, uma chamada à consciência e à tomada de consciência das próprias responsabilidades. Depois da resposta do profeta, que confessa a sua paixão pelo Senhor e a total infidelidade do povo (1Rs 19,10), Deus o obriga a sair da caverna: "Sai e põe-te de pé no monte, diante do Senhor" (1Rs 19,11a). Em seguida se descreve a passagem do Senhor:

> Eis que o Senhor passou. Houve um grande e impetuoso furacão, que rasgava os montes e despedaçava os rochedos, mas o Senhor não estava no vento. Depois do vento houve um terremoto, mas o Senhor não estava no terremoto. Depois do terremoto houve fogo, mas o Senhor não estava no fogo (1Rs 19,11b).

O Senhor passa. O mistério divino não é descrito como algo estático, que o homem pode observar e contemplar, mas como realidade dinâmica cuja presença se começa a perceber exatamente quando cessou. A passagem do Senhor é descrita inicialmente com três frases negativas: "o Senhor *não estava* no vento...; o Senhor *não estava* no terremoto...; o Senhor *não estava* no fogo".[12] Vento, terremoto e fogo remetem à experiência extraordinária de Deus, mas o texto afirma que Deus não está presente nessas manifestações. A passagem, ou a presença, de Deus é descrita no "não haver" de Deus, ou Deus se faz presente na ausência. Deus se deixa intuir, sem ser percebido, permite que a sua passagem seja notada onde não está; mostra a sua presença exatamente onde ele não está presente.

É particularmente significativa a frase com que é negada a presença de Deus no fogo, pois parece negar a experiência vivida por Elias no Carmelo, quando "o fogo do Senhor" cai, ou seja, quando Deus se torna presente no

---

[12] A tríplice negação da presença do Senhor foi interpretada de maneiras diferentes: a) afirmação da absoluta majestade de Deus, b) símbolo das armas espirituais que Elias deverá escolher doravante, c) expressão da natureza espiritual de Deus (cf. JEREMIAS, J. *Theophanie. Die Geschichte einer alttestamentlichen Gattung*. Wissenschaftliche Monographien zum Alten und Neuen Testament 10. Neukirche: Kreis Moers, 1965, pp. 113-115).

fogo, na presença de todo o povo e dos profetas de Baal (1Rs 18,38). Exatamente porque essa cena do Horeb está colocada praticamente depois da cena do Carmelo, não se pode negar um evidente contraste entre as duas. No Horeb é afirmado de Deus que "Deus não estava no fogo", exatamente o oposto daquilo que se afirmava no Carmelo, "caiu o fogo do Senhor". A menção do fogo nos remete também ao evento fundador da Aliança, ao Sinai, onde se descreve a vinda de Deus exatamente em relação com o fogo: "Todo o monte Sinai fumegava, pois o Senhor havia descido sobre ele" (Ex 19,18a). À presença divina sobre o Sinai, "no fogo", se opõe a experiência de Elias no Horeb, "o Senhor não estava no fogo".

De algum modo, a revelação no Horeb é a negação e a superação de manifestações divinas anteriores. O Deus vivo não pode ser identificado de modo absoluto com uma determinada experiência já conhecida, nenhum esquema conceitual ou simbólico poderá exaurir o mistério da sua manifestação.

Uma "voz de silêncio sutil"

Depois de três frases negativas, o texto hebraico diz que depois do fogo *qôl dᵉmāmâ daqqâ* (1Rs 19,12), frase cuja tradução literal é bastante clara, embora dê origem a interpretações diversas: "houve uma voz de silêncio sutil". As versões antigas, das quais em geral depende a maioria das traduções modernas, traduziram a frase como "som de ar leve" (LXX: *phōnē auras leptēs*; Vulgata: *sibilus aurae tenuis*).[13]

A palavra *dᵉmāmâ* ocorre três vezes no Antigo Testamento (1Rs 19,12; Sl 107,29; Jó 4,16). Ela é traduzida como "ar", "vento", muito provavelmente porque no salmo 107,29 se encontra num contexto em que o Senhor acalma uma tempestade no mar, e em 1Rs 19,12 aparece em oposição a alguns fenômenos naturais (vento, fogo, tempestade). No entanto, em 1Rs 19,12 não parece que *dᵉmāmâ* indique um fenômeno atmosférico. Há de se preferir o significado mais evidente do termo: "silêncio", visto que ele pertence ao mesmo grupo semântico de *dûmâ*, o lugar mortal do eterno silêncio (Sl 94,17; Sl 115,17), e de *dûmām*, que indica algo silencioso (Is

---

[13] Para uma apresentação de diversas traduções antigas e modernas, cf. MASSON, M. *Élie ou l'appel du silence.* Paris: 1993, pp. 10-13. Trad. it. *Elia. L'appello del silenzio.* Bologna: EDB, 1993, pp. 13-16.

47,5; Hab 2,19; Lm 3,26). O termo *d^emāmâ*, como em alguns textos de Qumram,[14] indica uma experiência de silêncio.[15] A frase de 1Rs 19,12 está, de qualquer modo, fora do comum, exatamente porque *d^emāmâ*, "silêncio", aparece em relação com *qôl*, que em hebraico indica sempre um fenômeno auditivo. Não é imediatamente claro como o silêncio possa ser som ou voz.

O outro termo de 1Rs 19,12, *daq*, ocorre dezessete vezes no Antigo Testamento e pode indicar uma pequena quantidade (Lv 13,30; 16,12; Is 29,5), o pouco peso de um objeto (Is 40,15), uma coisa miúda, sem consistência (Ex 16,14) ou algo fraco, de pouco vigor (Gn 41,3.4.6.7.23.24; Lv 21,20). Se conservarmos esses significados para os diversos termos de 1Rs 19,12 surge a tradução: "uma *voz*-de-*silêncio-sutil*".

Deus se deixa ouvir no silêncio

Na experiência vivida por Elias há um contraste patente entre alguns fenômenos da natureza, sentidos por meio do ouvido e que tradicionalmente acompanhavam uma teofania,[16] e um silêncio que Elias percebe, cujo significado não é imediatamente claro. Antes, o texto não parece descrever uma "teofania" em sentido estrito, visto que falta um elemento que seja manifestação visível do Senhor.[17] Do elemento mais visível, o fogo, se diz que o Senhor "não estava no fogo", como não estava também no vento nem no terremoto. No fim não se diz "onde" o Senhor estava. À menção dos

---

[14] Cf. STRUGNELL, J. "The Angelic Liturgy at Qumram-4Q *šerek širot 'olat haššabat*". In: *Congress Volume Oxford 1959. Vetus Testamentum Supplements* 7. Leiden: Brill, 1960, pp. 318-345.

[15] Trata-se de um silêncio-voz, que remete ao evento original da Aliança no Sinai, cujo termo hebraico *qôl* ocupa o lugar de maior destaque e indica o falar do Senhor: "Moisés falava e Deus respondia com a voz, com o som (*b^eqôl*)" (Ex 19,19). No Horeb, porém, Deus se revela a Elias no silêncio e não através da forma sonora própria da experiência sinaítica.

[16] Cf. Ex 19,8-10.16-19; Dt 4,9-10; 5,24-25; Jz 5,4-5; Hab 3,3-4; Sl 18,12; 68,8-9; etc.

[17] É objeto de debate na exegese bíblica a catalogação desse texto entre as teofanias veterotestamentárias. As posições a favor e contra são representadas respectivamente em JEREMIAS, J. *Theophanie*, pp. 112-115, e em BRIEND, J. *Dieu dans l'Écriture*. Paris: Cerf, 1992, pp. 21-25. Trad. it. *Dio nella Scrittura*. Roma: Borla, 1995. Para este último, a passagem constitui uma espécie de "teologia negativa", em forma narrativa, que pretende opor-se a uma concepção da presença divina por demais ligada a manifestações cósmicas.

fenômenos naturais, nos quais o Senhor não está presente, não se segue nenhuma afirmação correlata em forma positiva. É simplesmente evocada "uma voz de silêncio sutil".

Quando percebe aquele silêncio, Elias cobre o rosto (1Rs 19,13), ou seja, o profeta, habituado a encontrar Deus na palavra, reconhece agora a presença do Senhor no silêncio: "Quando Elias o ouviu, cobriu o rosto com o manto". No texto é negada uma modalidade conhecida de revelação divina para afirmar outra, paradoxal e misteriosa: a presença de Deus no silêncio. O Deus da palavra se mostra na ausência, na não palavra, na falta de qualquer fenômeno sonoro. Esse silêncio é *qôl*, voz, som. É um silêncio que "diz", que misteriosamente "fala". No "calar-se" de Deus se torna presente o seu "dizer". É descrita uma percepção autêntica do divino tornado presente através do silêncio. Trata-se, sim, de uma voz, mas de uma voz singular, estranha e contraditória, mas, em todo caso, perceptível e experimentável. Elias, de fato, "ouve", "escuta" (*šm'*) e por isso cobre o seu rosto com o manto (1Rs 19,13).

Elias tem consciência de encontrar-se diante do mistério do radicalmente Outro e, por isso, cobre o rosto. Elias escuta, mas se recusa a olhar, e faz um gesto semelhante ao de Moisés no Horeb (Ex 3,6). R. Fornara explica que "esconder o rosto não implica aqui um desejo explícito de fuga, mas, antes, uma necessidade de proteção, a consciência de encontrar-se diante de um mistério que é superior. Cobrir o rosto na presença do Outro significa, certamente, proteger a vista de um perigo percebido como mortal, mas conduz também a expor-se ao Outro sem a possibilidade de perceber as suas intenções, de controlar as reações e os movimentos. Significa, enfim, condenar-se a uma espécie de cegueira, que adquire também um valor positivo de entrega, de abandono e de confiança".[18] Elias se protege daquele mistério transcendente que se torna presente no silêncio e, ao mesmo tempo, permanece na sua presença, silencioso, aberto, disponível pronto a escutar. Conseguiu captar o sentido profundo daquela passagem misteriosa de Deus.

A lição que Elias aprende no Horeb é fundamental para conhecer o mistério do Deus bíblico: ele se revela seja "falando", seja "retirando a sua palavra". Essa absoluta liberdade e gratuidade de Deus explica como ele

---

[18] FORNARA, R. *La visione contraddetta*, p. 233.

se torna presente tanto através da sua palavra como através do seu silêncio, tanto em situações positivas, que refletem a sua bondade e fidelidade, como naquelas situações em que a negatividade parece obscurecer o seu poder e até a sua existência.

Deus não se impõe com a força

Elias, que fora protagonista e testemunha da fulgurante manifestação de Deus no Carmelo, escuta agora "uma voz de silêncio sutil", que revela a presença de um Deus que não se impõe com a força da evidência nem passa por cima da liberdade do homem com violência, mas se revela de forma discreta e silenciosa. Elias acreditava que conhecia o Senhor e que reconhecia e previa as suas manifestações. No Horeb foi revelada a Elias uma nova modalidade da presença do Deus ao qual tinha servido sempre com fidelidade.

No contexto do relato, o silêncio percebido por Elias representa uma experiência contraditória e enigmática que provoca uma perturbação na vivência espiritual do profeta. Deus não se revela necessariamente através dos efeitos visíveis de poder. O próprio termo *daqqâ* lembra a manifestação de Deus em relação com a ausência de força, a não imposição e a não violência. Diante de Elias no Horeb, o Deus da palavra é percebido e escutado através daquilo que mal se ouve e se torna presente na aparente ausência; o Deus onipotente se torna presente através de uma manifestação que diz fraqueza, ausência de poder e de agressividade.

Elias desempenhou a sua missão de profeta com fidelidade e coragem, mas se deixou envolver, talvez de modo inconsciente, pela lógica de Baal, dos seus profetas e dos seus sustentadores, como Acab e Jezabel, uma lógica de poder, de rivalidade e, enfim, de morte. No Horeb, mergulhado no silêncio tênue e inofensivo de Deus, Elias aprende que não se é profeta do Senhor de qualquer maneira. A. Wénin comenta com razão: "Para ser autenticamente profeta, não é necessário reproduzir aquilo que se contesta; é preciso, porém, viver segundo os valores que se quer defender [...]. De outro modo o profeta corre o risco exatamente de defender só a si mesmo e de promover apenas a própria vontade de poder".[19]

---

[19] Wénin, A. *L'homme biblique*, pp. 138-139.

Elias não só desempenhou o seu ministério em perspectiva do poder, mas chegou ao monte para queixar-se do povo (1Rs 19,10.14). Apresenta-se diante de Deus para acusar os israelitas. O *midrash 'Elijjahû Zûta* contém um comentário significativo. Diz que Elias, depois de se ter queixado do povo, esperava uma ação de Deus que o tranquilizasse e lhe desse razão, que justificasse plenamente a sua missão e a modalidade com que ele a tinha realizado. Deus – diz o *midrash* – teria esperado três horas para ver se Elias mudava de atitude. Vendo-o ainda na mesma posição, Deus mandou que ele voltasse sobre os seus passos, comunicando-lhe que não estava disposto a agir segundo as suas intenções. "O profeta deve procurar tomar a defesa do povo diante de Deus. [...] A voz sutil do silêncio é agora uma mensagem forte para Elias: é o convite a encher o silêncio com palavras positivas e não com reprimendas, e é também uma indicação de comportamento em relação à coletividade."[20]

Deus é o único Senhor da história

Elias descobre no Horeb que a sua visão da realidade é parcial. Ele chega ao monte com a certeza de saber mais do Senhor. Vai ao monte acreditando que é o único israelita que permaneceu fiel e se apresenta diante de Deus como acusador do povo. Através daquele silêncio, no qual Deus se revela a ele, Elias descobrirá que não possui nem conhece a realidade na sua totalidade. Nela há uma dimensão de mistério que lhe escapa. Não é Elias que tem a última palavra, mas Deus. Elias acreditava que tudo estava acabado. A voz de silêncio sutil, porém, faz com que ele entenda que, assim como não só a palavra é meio de revelação divina, do mesmo modo, naquela situação, na qual ele não via saída possível, havia ainda espaço para a ação surpreendente e sempre nova de Deus.

Com aquele misterioso silêncio, Deus finalmente anuncia ao profeta o fim do seu ministério e, até, a sua morte. Elias acreditava que era indispensável em Israel: "Sobrei apenas eu e tentam tirar-me a vida" (1Rs

---

[20] CARUCCI, B. "L'esperienza di Dio sull'Oreb di Elia (1Re 19)". *Parola, Spirito e Vita*, n. 30, 1994, pp. 49-60. Provavelmente nesse sentido é explicada, no v. 13, a curiosa repetição da pergunta que Deus já tinha feito a Elias no v. 9, e o fato de Elias responder também, neste caso, com as mesmas palavras.

19,10.14). No Horeb, o Senhor faz com que ele descubra o próprio limite e a relatividade da própria missão. Deus informa a ele que o seu ministério está para acabar e que deverá ungir Eliseu como profeta em seu lugar (1Rs 19,15). A palavra de Deus não pertence a ele e deverá passá-la a outro. Escutando a *qôl d^emāmâ daqqâ*, Elias intui algo do *dûmâ*, o lugar do eterno silêncio (Sl 115,17) e aprende que também ele deverá um dia desaparecer e entrar nele. O silêncio divino de algum modo redimensiona a figura do profeta e a imagem que ele tinha de si mesmo. O seu ministério profético certamente não acabou naquele momento, mas aquela foi uma experiência que marcou Elias para sempre, porque fez com que descobrisse o próprio limite, as suas contradições, a sua pequenez e a sua caducidade. Quando chama Eliseu, Elias começa a aceitar o próprio fim (1Rs 19,19-21).

Os céus narram a glória de Deus (Sl 19,2b-5)

No início do salmo 19 são descritos o firmamento e o céu, no suceder-se concatenado do dia e da noite, enquanto elevam um canto ininterrupto à gloria divina e proclamam um anúncio ilimitado do agir divino. Na representação cósmica do salmo, a terra representa o grande auditório que escuta o discurso celeste, ou o espaço no qual está espalhado o público.[21] Essa linguagem cósmica, embora se expanda por toda parte e seja também inteligível para a compreensão humana, é uma "linguagem silenciosa".

O texto está composto de duas estrofes. Na primeira (vv. 2-3) são apresentados os grandes personagens cósmicos (os céus, o firmamento) empenhados em falar, através do suceder-se do tempo, representado pelos dois elementos também personificados (o dia e a noite). Na segunda (vv. 4-5) o salmista descreve a natureza dessa linguagem misteriosa. Eis a nossa tradução desses versículos:

> ²Os céus narram a glória de Deus
> e o firmamento anuncia a obra de suas mãos.
> ³Um dia ao outro dia comunica a mensagem,
> uma noite a outra noite transmite a notícia.

---

[21] Cf. ALONSO SCHÖKEL, L. & CARNITI, C. *Salmos*, I, p. 348.

⁴Não há linguagem, não há palavras,
não se escuta nenhum som,²²
⁵no entanto por toda a terra se difunde a sua voz
e aos confins da terra as suas palavras.

A primeira estrofe (vv. 2-3)

Os sujeitos falantes são "os céus" e "o firmamento", que representam o espaço superior do cosmo. Os verbos que descrevem a sua atividade são "narrar" e "anunciar"; a forma verbal nos dois casos é o particípio, que indica uma ação contínua, ininterrupta. O primeiro verbo é *spr*, "contar", "relatar", no sentido de apresentar uma lista interminável e variada de realidades maravilhosas que revelam "a glória de Deus"; o outro verbo é *ngd*, "anunciar", "proclamar", que destaca o caráter *kerygmatico* desse falar cósmico, destinado a atingir os confins da terra, e que tem como conteúdo "a obra das suas mãos".

As expressões "glória de Deus" e "a obra das suas mãos" são colocadas em paralelismo. A glória divina, *kābôd*, é, de fato, o conjunto das obras realizadas por Deus, a manifestação visível e eficaz de Deus na criação e na história, o agir divino que é descrito como incessante e durável. A obra da qual o firmamento fala é o próprio firmamento, como obra criada que se refere à atividade, às mãos do Criador.

O falar cósmico que se acabou de descrever se prolonga no tempo. Os sujeitos são agora "o dia" e "a noite", que representam a dimensão temporal do cosmo. Os verbos que indicam a sua atividade são "transmitir" e "comunicar". O primeiro verbo é *nbᵉ*, que significa "rosnar", "brotar", "salpicar"; o segundo é *hwh*, "expor", "declarar". Esse par verbal sugere a imagem de um jato cheio de sentido e de maravilha, de algo que jorra com

---

²² A tradução desse versículo é problemática (cf. BÁEZ, S. J. *Tiempo de callar y tiempo de hablar*, p. 75). Na nossa tradução sustentamos que o v. 4 *'ên 'ōmer wᵉ'ên dᵉbārîm bᵉlî nišmā' qôlām* é construído por três frases paralelas adversativas ou concessivas, ligadas ao v. 5 como frase principal. Desse modo é conservada a dimensão poética e paradoxal da afirmação: o falar do céu não é percebido com o ouvido, contudo essa linguagem silenciosa abrange toda a terra (cf. PODECHARD, L. *Le Psautier. Traduction littérale et explication historique*, I. Lyon: Facultés Catholiques, 1949, p. 92; KRAUS, H. J. *Psalmen*, I. Biblischer Kommentar 15/1. Neukirchen: Neukirchener, 1961, p. 297; RAVASI, G. *Il libro dei Salmi*, I, p. 345; ALONSO SCHÖKEL, L. & CARNITI, C. *Salmos*, I, p. 340).

entusiasmo e que, de modo incessante, passa de um dia para o outro, de uma noite para a outra.

Os dois objetos dos verbos são respectivamente *'ōmer*, "palavra", discurso", termo utilizado em alguns casos em nível teológico para designar a palavra de Deus,[23] e *da'at*, no sentido genérico de "conhecimento", mesmo se em alguns casos indica o conhecimento de Deus como experiência de fidelidade à aliança[24] e até o saber próprio do sacerdote.[25] O tempo, personificado no dia e na noite, é apresentado pelo salmista como um âmbito de revelação divina.

A segunda estrofe (vv. 4-5b)

O salmista explica o quanto essa linguagem do criado é paradoxal. O paralelismo entre as três frases do v. 4 destaca o seu caráter silencioso: "não há linguagem", "não há palavras", "não se escuta nenhum som". Todos os termos pertencem exatamente ao campo semântico da sonoridade: *'ōmer*, "palavra", "discurso", "linguagem"; *dābār*, "palavra"; *qôl*, "som". O cosmo emite continuamente uma mensagem que não é sonora nem articulada e, portanto, não pode ser percebida pelo ouvido. Ela possui uma estrutura particular, é silenciosa, e por isso só pode ser percebida pela contemplação crente.

No v. 5 o salmista afirma, todavia, que a mensagem transmitida silenciosamente pela natureza chega ao universo inteiro: toda a terra (*'eres*) e os confins do orbe (*tebel*). Não há espaço aonde esta proclamação misteriosa não chegue. A terra inteira é como um palco imponente no qual ecoa esse grito silencioso que revela a presença da glória divina do Criador e que está destinado a ser ouvido e compreendido pelo único ser que é capaz disso, o ser humano.

Não basta que o universo, como obra das mãos de Deus, proclame a sua glória incessantemente. A presença do Criador permanece aí para sempre escondida, e o canto da criação é um louvor silencioso. Apenas o homem crente estará em condições de ouvir essa linguagem e contemplar

---

[23] Cf. Nm 24,4.16; Js 24,27; Os 6,5; Sl 77,9; 78,1; 107,11; 138,4.

[24] Cf. Os 4,1; 6,6; Jr 22,17.

[25] Cf. Ml 2,7.

a grandeza do Criador na sua criação. Deus criou o homem exatamente como o único interlocutor em condições de penetrar o sentido e o mistério mais profundo das realidades criadas. Quando o homem perscruta o cosmo com olhar límpido e crente, tudo se torna transparência de Deus e se consegue ler o enigma da criação. O mundo silencioso se torna eloquente e revelador de um mistério ainda maior, o mistério do Deus criador.

Conhecer Deus é reconhecer as impressões maravilhosas e indeléveis que ele deixou nas suas criaturas porque – com as palavras de São João da Cruz – "cada uma, a seu modo, dá sua voz testemunhando o que nela é Deus" numa espécie de "música 'silenciosa'".[26] No concerto esplêndido do cosmo, cada coisa se torna mediação e voz de Deus, que silenciosamente manifesta a sua beleza, a sua sabedoria e a sua glória. Toda criatura, explica ainda o Santo carmelita, "dá sua voz testemunhando ser Deus quem é, e cada uma, a seu modo, glorifica a Deus, tendo-o em si segundo a própria capacidade. E assim todas essas vozes fazem uma melodia admirável cantando a grandeza de Deus, sua sabedoria e sua ciência extraordinária".[27]

A. Neher afirma que "se a Bíblia sabe identificar o infinito cósmico com o silêncio, sabe que tal infinito é apenas o véu de outro Infinito, o do Criador, cuja Palavra certamente atravessa a imensidade para chegar ao homem, mas cujo Ser íntimo não pode ser identificado, no limite, senão com o silêncio".[28] O Deus que se revela pelo silêncio, ou melhor, que é silêncio, fala de si através das próprias obras, com uma linguagem que apenas a fé está em condições de perceber e decifrar. Os espaços infinitos e os tempos que não podem parar, enquanto obras de Deus, revelam e escondem Deus, proclamam e louvam silenciosamente a glória de Deus, que é, ao mesmo tempo, comunicação e afastamento, conhecimento e escuridão, palavra e silêncio.

Conclusão

O Deus bíblico é sempre um Deus a buscar e esperar, mais do que um Deus a encontrar e possuir. O Deus que fala calando-se e que se cala falando, que não dá explicações, mas que surpreende sempre como mistério de

---

[26] *Cântico Espiritual* B 14-15, n. 25 (São João da Cruz, *Obras completas*, p. 674).
[27] Ibidem, n. 27 (p. 675).
[28] Neher, A. *L'esilio della parola*, p. 24.

amor e de vida, cuja infinita proximidade é, paradoxalmente, a sua infinita distância de todas as nossas imagens e representações da divindade, por altas e sublimes que possam ser. O não saber e o silêncio da ausência são parte constitutiva da autêntica experiência do Deus, que está além de toda experiência e de toda conceitualização. Afirmar com a Bíblia que Deus é silêncio é reconhecer não só que o caminho de Deus é o caminho da palavra e da resposta, mas que também o nada do silêncio e do escondimento pode estar carregado da presença divina.

O SILÊNCIO DE DEUS: ORAÇÃO E PROFECIA

A metáfora literária e teológica do silêncio de Deus indica na Escritura a aparente ausência divina na história humana ou na vida de um indivíduo, percebida e sofrida pelo crente como uma realidade contraditória e misteriosa.

É o homem religioso que vive essa experiência paradoxal. É o homem de fé que parece colocado em confronto com o calar-se divino, aterrorizado diante da aparente distância ou indiferença do Deus vivo. Essa experiência vital do "contraditório" é uma genuína experiência humana e crente do mistério da transcendência de Deus. O silêncio divino, por mais ambíguo e misterioso que possa parecer, coloca os fundamentos e torna possível a resposta livre e gratuita do homem de Deus. "O silêncio de Deus, porém, exatamente através da sua complexidade e ambivalência, é o espaço no qual se jogam a liberdade e a dignidade do homem diante do tempo e do Eterno... os tempos do silêncio de Deus são os tempos da liberdade humana."[1] O homem religioso, que não procura negar a aparente contradição do silêncio de Deus, nem evitá-la com respostas fáceis, mas que confia sem reservas no Deus da vida e do amor, entra no verdadeiro caminho da fé, abandonando todos os suportes conceituais, ou de qualquer outro tipo, sem procurar circunscrever o mistério com as categorias da limitação.

O orante e o profeta encarnam, de modo esplêndido, a figura do crente. O primeiro, como homem que fala, louva e suplica a Deus; o segundo, à medida que é ouvinte e anunciador por excelência da palavra de Deus. Ambos, exatamente por causa da sua vizinhança e familiaridade com Deus, percebem mais intensamente a aparente ausência da sua presença e da sua palavra, com a consequente crise que se cria por ter tocado os limites extremos da contradição.

---

[1] FORTE, B. *Teologia della storia*, p. 88.

Ser surdo, ser mudo

Os orantes bíblicos, afundados no silêncio divino, às vezes gritam simplesmente: *'al teḥĕraš*. O verbo hebraico empregado nesta frase é *ḥrš*, que deriva de uma raiz que exprime tanto a condição de "ser surdo" como a de "calar-se".[2] Por conseguinte, o sintagma *'al teḥĕraš* pode ser traduzido como "não ser surdo" ou "não se calar". Surdez e mutismo, como experiências de comunicação inexistente, são expressos em hebraico com o mesmo verbo. Esse fato linguístico encontra apoio numa constatação de fato da experiência comunicativa: está comprovado que quase sempre a surdez produz o mutismo.

No Sl 28,1, o sintagma *'al teḥĕraš* parece exprimir a dupla conotação semântica de surdez e mutismo, e assim a primeira frase do salmo pode ser traduzida: "Grito a ti, Senhor, minha rocha, não sejas surdo" ou "Grito a ti, Senhor, minha rocha, não te cales". Parece preferível a primeira opção por causa da menção do grito do orante que quer ser ouvido. No Sl 35,22, o valor semântico do silêncio é muito mais claro: "Senhor, tu viste, não te cales (*'al teḥĕraš*); Deus, não fiques longe de mim". No salmo se descreve uma situação de perseguição com claras conotações de tipo jurídico (vv. 11.23). A invocação do salmista se baseia no fato de que Deus conhece a injustiça da qual ele é vítima ("tu viste"); ele espera uma intervenção de Deus, o juiz supremo, que demonstre a sua inocência e faça justiça; mas, paradoxalmente, o experimenta longe. No Sl 39,13, porém, o verbo manifesta patentemente a surdez: "Ouve minha oração, Senhor, presta ouvido ao meu grito, não fiques surdo (*'al teḥĕraš*) ao meu pranto". No Sl 109,1-2, o salmista está cercado por palavras violentas e injuriosas: "Contra mim se abriram a boca do ímpio e do homem fraudulento; falam de mim com língua mentirosa. Cercam-me com palavras de ódio, combatem-me sem motivo" (v. 2). Ultrajado e acusado injustamente, o salmista pede que Deus não fique em silêncio. A voz do Deus justo deveria levar vantagem sobre as vozes dos malvados, mentirosos e cheios de ódio: "Deus do meu louvor, não te cales (*'al teḥĕraš*)".

---

[2] O verbo *ḥrš*, com Deus como sujeito, ocorre 6 vezes nos salmos (Sl 28,1; 35,22; 39,13; 50,3; 83,2; 109,1) e 2 em textos proféticos (Is 42,14; Hab 1,13). Com exceção do Sl 50,3, no qual se afirma que Deus não se calará no juízo, em todos os outros casos se trata do silêncio divino percebido na oração.

No Sl 83,2, a expressão '*al tehĕraš* ocorre em paralelo com as invocações: "não ficar inerte" e "não te dar repouso", e por isso, neste caso, o significado do verbo *hrš* parece ser o da passividade. Deus não age salvando o orante. Essa conotação semântica obviamente não exclui aquela do mutismo-surdez; antes, os dois significados se misturam no seu valor de inatividade (não falar, não ouvir), com a nuança de indiferença e insensibilidade.

Dos textos examinados se pode concluir que uma das experiências bíblicas mais dramáticas e dolorosas é a experiência do justo, ameaçado e acusado, que na sua oração exprime o ansioso desejo de que Deus escute e fale, que intervenha como juiz supremo do universo para fazer justiça contra a perversidade humana.[3] A metáfora da surdez-mutismo exprime aquele absurdo aparente, sofrido pelo crente, de um Deus justo e bom que parece não ouvir e não falar. O silêncio de Deus é vivenciado pelo orante, por um lado, na própria dor e na fraqueza nos confrontos da perversidade histórica, por outro lado, com a teimosia de uma fé que não se conforma com a negação de Deus e que não deixa de esperar a justiça e a bondade divinas.

Estar longe, estar dormindo

Outra metáfora para indicar o silêncio divino é a espacial do estar longe. O orante percebe distante a presença do Deus ao qual confiou a própria vida. Certamente se trata de uma metáfora, porque não se pode falar de Deus com categorias espaciais, mas é óbvia a relação que se estabelece entre distância e silêncio. Quem está longe não está em condições de fazer ouvir a sua voz. Por isso alguns salmistas, em situações difíceis, gritam dizendo: "Não fiques longe de mim, pois a angústia está perto e ninguém me ajuda. Tu, Senhor, não fiques longe, força minha, vem socorrer-me depressa" (Sl 22,12.20); "Senhor, tu viste isso, não te cales; Deus, não fiques longe de mim" (Sl 35,22); "Não me abandones, Senhor, meu Deus, não fiques longe de mim" (Sl 38,22); "Ó Deus, não fiques longe de mim: Deus meu, vem socorrer-me depressa" (Sl 71,12).

---

[3] Há casos em que Deus, como juiz justo que não pactua com a malvadeza humana, não escuta a oração por causa da infidelidade do povo (Jr 11,11), ou devido à incoerência entre uma oração aparentemente devota e uma vida manchada pela injustiça e pelo crime (Is 1,15; cf. Am 5,23).

Para descrever a experiência do silêncio divino, nos salmos é utilizada também a experiência do sono, ou seja, de um Deus que dorme, e, portanto, que se cala, mostrando-se aparentemente ignorante em relação ao curso da história, como valente embriagado pelo vinho (Sl 78,65) ou como as divindades pagãs que dormem durante algumas épocas do ano (1Rs 18,27). O orante, forte por sua convicção de fé de que o Senhor, como "guarda de Israel", "não dorme nem cochila" (Sl 121,4), dirige-se a Deus para despertá-lo, ou para que ele intervenha ainda para salvar e fazer justiça:[4] "Levanta-te, Senhor, em tua ira, ergue-te contra a fúria dos meus inimigos e desperta para o juízo que estabeleceste" (Sl 7,7); "Acorda, desperta para o meu juízo, para a minha causa, Senhor, meu Deus" (Sl 35,23); "Desperta, por que dormes, Senhor? Acorda! Não nos rejeites até o fim" (Sl 44,24); "Desperta-te, vem ao encontro e olha. Tu, Senhor, Deus dos exércitos, acorda para punir todas as nações" (Sl 59,6); "Como um sonho ao despertar, ó Senhor, ao acordar fazes desvanecer a sua imagem" (Sl 73,20).

Esconder o rosto

O rosto é veículo da interioridade de uma pessoa, manifestação da sua identidade e da sua presença. Ele é, ao mesmo tempo, epifania pessoal que se abre à relação e véu misterioso que esconde a própria intimidade.[5] Enquanto espaço no qual se encontram os órgãos da vista, da linguagem e da audição, esconder o rosto é uma expressão que pode indicar a vontade de subtrair-se à relação. Na Bíblia, de fato, em alguns casos o silêncio divino é expresso exatamente dizendo que "Deus esconde o seu rosto", metáfora com que se evidencia uma espécie de rachadura que se produz na relação entre Deus e o homem.[6]

Em textos proféticos, a expressão é usada de preferência em contextos de julgamento, como sinônimo da ira e do castigo de Deus que reage

---

[4] São utilizados dois verbos sinônimos $qyṣ$ e $'wr$, despertar, acordar.

[5] "Um rosto é uma mensagem, muitas vezes às escondidas da própria pessoa. Não é, talvez, o rosto humano um misto vivo de mistério e significado? É a parte do corpo mais conhecida e, também, a menos descritível, uma encarnação da unicidade" (HESCHEL, A. *Chi è l'uomo?* Milano: Rusconi, 1989, p. 55).

[6] Cf. BRIEND, J. *Dieu dans l'Ecriture*, pp. 99-105; FORNARA, R. *La visione contraddetta*, pp. 81-82.

contra a malvadeza humana (Is 54,8; 59,2; Mq 3,4).[7] Deus esconde o seu rosto ao povo, ou se subtrai à sua visão e fica escondido e, portanto, silencioso, fazendo com que ele sofra um castigo conforme às ações que realizou; Deus esconde a sua face e se cala, porque os juízes se voltaram contra ele, ao emitir sentenças injustas contra os mais pobres da terra (Mq 3,4: "eles clamarão ao Senhor e ele não lhes responderá, esconderá a sua face"). Diante da palavra injusta, Deus reage com o silêncio.

Nos salmos, a expressão ocorre, sobretudo, em contextos de lamentação, nos quais o orante vive um sentimento doloroso da ausência divina, que lembra uma intervenção divina no passado, e por isso a atitude presente se torna incompreensível. Quando Deus esconde o seu rosto, fica em silêncio, não responde: "Não escondas a tua face ao teu servo, estou em perigo, responde-me depressa" (Sl 69,18). "Não escondas a tua face, [...] quando te invoco, responde-me depressa" (Sl 102,3); "Responde-me depressa, Senhor, meu alento se extingue, não escondas de mim a tua face" (Sl 143,7). Quando Deus esconde o seu rosto, é silencioso como quando alguém está dormindo: "Desperta, não nos rejeites para sempre. Por que escondes o teu rosto, esquecendo a nossa miséria e opressão?" (Sl 44,24-25); ou silencioso como alguém que se cala, cruelmente indiferente: "Quanto a mim, Senhor, eu grito a ti, minha prece chega a ti pela manhã. Senhor, por que me rejeitas e me escondes a tua face?" (Sl 88,14).

O orante se pergunta pelo porquê do silêncio (44,25), interroga-se sobre a duração da situação dolorosa (Sl 13,2) e pede a Deus para não esconder o seu rosto (Sl 102,3; 143,7). Desse modo se põe em evidência que, para os salmistas, o silêncio de Deus não é a situação comum, mas algo excepcional e enigmático. O seu grito é, ao mesmo tempo, um protesto e uma experiência radicalmente nova de Deus: na sua oração descobrem um novo rosto de Deus, o rosto de um Deus que fala e que se cala, um Deus, ao mesmo tempo, presente e ausente.

Conter-se

Em dois textos proféticos (Is 42,14; 64,11), exprime-se o silêncio de Deus utilizando o verbo hebraico *'pq*, "resguardar-se", "conter-se", no sentido de abster-se de fazer ou dizer algo, refreando o impulso dentro de si

---

[7] Ver também Is 8,17; 64,6; Jr 33,5; Ez 39,23.24.29.

(Gn 43,31; 45,1). Ambos os textos fazem referência à experiência trágica do exílio.[8]

Is 42,14 é uma espécie de releitura teológica da época do exílio na perspectiva do silêncio: o profeta faz o próprio Deus pronunciar: "Por muito tempo me calei, guardei silêncio e me contive (*'pq*); agora gritarei como uma mulher no parto, afligir-me-ei e respirarei ofegante ao mesmo tempo". O exílio é descrito como tempo de silêncio divino, no qual Deus teve de suportar em silêncio o sofrimento do povo, sem intervir para salvá-lo. Deus se conteve, ou fez força sobre si mesmo para não agir segundo a natureza própria de Deus salvador e doador de vida. O silêncio do exílio é interpretado como violência no íntimo de Deus mesmo: é um modo excelentemente teológico de afirmar a vontade e o poder salvífico de Deus também no sofrimento, na noite e na morte. O texto contém também uma indicação temporal: "por muito tempo", *mē'ôlām*, que indica literalmente não só uma duração considerável, mas até a eternidade. Com esse matiz temporal é oferecida uma avaliação do silêncio do exílio do ponto de vista divino: embora se trate de um tempo que compreende apenas algumas décadas, o Senhor, no seu infinito amor, o considera uma eternidade. Na segunda parte do texto, com a imagem da parturiente se indica a época histórica que está a ponto de iniciar, depois do longo silêncio divino, uma época histórica absolutamente nova que surge da dor, como a criança que vem à luz no momento do parto.

Is 64,11 é a conclusão de uma longa lamentação profética que lembra a história de Israel e, em particular, o exílio na Babilônia (Is 63,7–64,11): "Depois de tudo isto te conterás (*'pq*), ó Senhor, te calarás e nos humilharás até o fundo?" Aos olhos do profeta é incompreensível que Deus, "nosso pai" (Is 63,16; 64,7) e "nosso oleiro" (Is 64,7), possa ficar inerte e passivo, silenciosamente indiferente, diante da catástrofe que se abateu sobre o povo. O silêncio divino é mortalmente eficaz. Se Deus se cala ainda, o horizonte histórico corre o risco de fechar-se para sempre. O profeta conclui o seu lamento implorando a Deus que mude a sua atitude e se decida a

---

[8] Em Is 57,11, porém, o Senhor se queixa da incapacidade de Israel chegar a uma compreensão sapiencial do silêncio divino durante o exílio. Em vez de se aproximar de Deus e temê-lo, o povo caiu na infidelidade e no esquecimento do Senhor: "Acaso não sou eu que me calo (*'ănî maḥšeh*) e fecho um olho? Mas tu não tens medo de mim".

agir em favor dos seus, pois o seu silêncio e a sua aparente indiferença em relação ao povo levarão irremediavelmente ao desaparecimento histórico, ou à humilhação "até o fundo", literalmente em hebraico, "até o extremo", '*ad m^e'ōd* (Is 64,8.11).

Ezequiel: o profeta mudo

Um caso único na profecia bíblica é o do mutismo do profeta Ezequiel (Ez 3,26; 24,27; 33,22). Depois de ter sido chamado por Deus a desempenhar o ministério profético entre os exilados na Babilônia (Ez 1–2), Ezequiel é obrigado, pelo mesmo Deus que o escolheu e enviou a falar, a permanecer absolutamente mudo: "Grudarei a tua língua ao céu da boca, para que fiques mudo e não possas ser para eles um acusador, pois são uma corja de rebeldes" (Ez 3,26).[9]

O seu silêncio é um ato simbólico, que indica o fim do tempo da denúncia e da acusação. O povo não deu ouvidos à mensagem do profeta. Acorriam a ele, gostavam de ouvir as suas palavras, que eram para eles "como uma canção de amor", sem incidência concreta na vida deles, porque escutavam, mas não punham em prática a palavra de Deus transmitida pelo profeta (Ez 33,32). Esse povo que não soube ouvir não receberá mais nenhuma palavra da parte de Deus; tem sido rebelde e doravante terá de enfrentar o silêncio divino, representado pelo mutismo de Ezequiel. Não há mais nada a dizer, o tempo da admoestação passou. Agora, o silêncio do profeta se torna palavra ameaçadora que preanuncia apenas o afastamento e o castigo divinos.

O silêncio de Ezequiel foi relacionado com a destruição de Jerusalém, a desgraça mais terrível que podia abater-se sobre Israel. O silêncio de Deus, manifesto no mutismo do profeta, acompanha o momento da destruição do

---

[9] É discutida a datação e a interpretação de Ez 3,26-27. Alguns autores acham que o texto se refere ao início da missão do profeta e que o mutismo indica o fato de a pregação de Ezequiel ter sido limitada por Deus exclusivamente a pronunciar oráculos de julgamento (cf. ALLEN, L. *Ezekiel 20–48*. Word Biblical Commentary 29. Dallas: Word Books, 1982, p. 61). Outros autores, em nossa opinião com maior razão, consideram Ez 3,23-27 um texto redacional, em relação com 24,27 e 33,22, que indica uma etapa de silêncio no ministério profético de Ezequiel (cf. ZIMMERLI, W. *Ezechiel*. Biblischer Kommentar 13/1. Neukirche: Neukirchener, 1969, pp. 109-111; ALONSO SCHÖKEL, L. & SICRE, J. L. *Profetas*, II, pp. 690-691).

templo e da cidade. A ausência da palavra profética revela o significado do advento histórico: chegou o momento do afastamento e da ruptura entre Deus e o seu povo. O silêncio profético e o silêncio do aniquilamento da cidade santa são silêncios concomitantes. Deus se fecha no silêncio, como a significar uma morte cósmica. Ele não fala mais.

No entanto, alguns meses depois, precisamente no dia em que recebe a notícia da tomada da cidade, o profeta, que se encontra na Babilônia, volta a falar (Ez 24,27; 33,22).[10] O Senhor lhe revelou o fim do mutismo: "Naquele dia tua boca se abrirá para falar com o fugitivo (que lhe tinha trazido a notícia da queda da cidade), e já não ficarás mudo e serás para eles um sinal, e eles saberão que eu sou o Senhor" (Ez 24,27). E, de fato, assim acontece: "A mão do Senhor esteve sobre mim na tarde anterior à vinda do fugitivo, e minha boca se abriu de manhã, quando ele veio até mim. A boca me foi aberta e não tornei a ficar mudo" (Ez 33,22).

Depois do silêncio e pelo silêncio, a palavra profética se deixa ouvir ainda, como palavra que brota da morte e que marca um novo início no ministério de Ezequiel. "É digno de nota que esta palavra nova nasce do mutismo, como uma vida nasce milagrosamente da infecundidade [...]. Era necessário descer ao abismo do silêncio para encontrar a nova palavra."[11] Certamente, a queda de Jerusalém e a experiência do mutismo marcaram uma nova fase na pregação de Ezequiel, cuja palavra de agora em diante, mais do que palavra de juízo, é palavra de esperança e de consolação. Mas é igualmente verdade que o silêncio profético, reflexo concreto do silêncio divino, fez com que o povo estivesse muito mais disposto a acolher a palavra divina, despertou a fome e a sede dela, como dizia o profeta Amós: "Virão dias, diz o Senhor Deus, em que enviarei fome ao país, não uma fome de pão, nem uma sede de água, mas de ouvir a palavra do Senhor. Cambalearão de um mar a outro, errando do norte até o oriente, procurando a palavra do Senhor, mas não a encontrarão" (Am 8,11-12). Às vezes, o modo mais eloquente do falar divino é o calar-se.

---

[10] Ez 24,27 e 33,22 são quase unanimemente considerados duas versões de um único evento (cf. ALLEN, L. *Ezekiel 20–48*, p. 61).

[11] ALONSO SCHÖKEL, L. & SICRE, J. L. *Profetas*, II, p. 806.

Um orante diante do silêncio de Deus (Sl 28)

O salmo 28 descreve a experiência de uma pessoa que percebe com angústia a ausência de Deus e se dirige a ele com uma oração cheia de confiança. Sem aparente mudança da situação que provocou o seu sofrimento, a certa altura o salmista parece transformado interiormente pela própria oração. No fim, tem a certeza de ter sido ouvido e, por isso, agradece, louva e intercede. É difícil estabelecer com certeza a situação concreta do orante, porque o salmo não fornece dados suficientes. Diversas interpretações foram propostas. Muito provavelmente se trata de um inocente acusado falsamente de um grave delito, ameaçado com a pena capital, e que deve comparecer perante o tribunal do templo.[12] Em todo caso, trata-se de uma súplica pessoal, motivada por uma experiência dolorosa, difícil de conhecer em todos os seus detalhes e na qual talvez se misturem diversas circunstâncias, mas de tal dramaticidade que põe em questão a própria existência do salmista e ofusca a presença de Deus na sua vida de crente.

O salmo inicia com uma súplica intensa e apaixonada. O orante invoca, grita e ergue as mãos para o lugar da presença de Deus. Eis uma tradução nossa dos vv. 1-2:

> [1]A ti, Senhor, eu grito,
> rocha minha, não sejas surdo diante de mim,
> não te cales diante de mim,
> para que eu não seja incluído entre aqueles que descem à cova.
>
> [2]Ouve a voz da minha súplica quando a ti grito socorro,
> quando levanto as minhas mãos para o teu santo templo.

A oração é descrita com a terminologia típica do lamento e da súplica. A dupla repetição da forma pronominal "a ti", no início e no fim da invocação, a primeira vez de forma enfática, acentua fortemente a dimensão interpessoal da experiência descrita. Diga-se o mesmo da dupla ocorrência da expressão "diante de mim", *mimmennî*, que contém o matiz semântico da distância entre dois interlocutores, e da repetição de formas pronominais de primeira pessoa: "rocha minha", a "minha súplica", "as minhas mãos". Mesmo quando Deus se cala e parece ausente, a oração bíblica

---

[12] ALONSO SCHÖKEL, L. & CARNITI, C. *Salmos*, I, p. 45. São semelhantes as interpretações de CASTELLINO, G. *Libro dei Salmi*, p. 97 e de KRAUS, H. J. *Psalmen*, I, pp. 372-373.

continua a ser essencialmente dialógica e interpessoal. Para o orante da Bíblia, Deus nunca é um conceito religioso ou uma força impessoal, mas é, por mais escondida e misteriosa para poder ser percebida, uma presença pessoal e dialógica. O grito pode ser expressão de dor ou desespero, não dirigido necessariamente a alguém; aqui, porém, o grito do salmista, embora envolvido pelo silêncio divino, adquire a forma de uma invocação pessoal.

O salmista percebe que Deus está longe e repara que não intervém a seu favor. Mas ele não deixa de gritar, de pedir ajuda, de levantar as mãos. A situação extremamente grave que o salmista vive é evidenciada pelo contraste entre a cova da sepultura e Deus, representado com o simbolismo da rocha. A cova é a morte, o vazio, o silêncio eterno; a rocha é símbolo de Deus, refúgio sólido, seguro e indestrutível.[13] Outro contraste evidente é aquele entre os verbos "levantar" (as mãos) e "descer" (à cova). Diante do destino mortal, o salmista ergue as mãos para Deus, querendo segurar-se decididamente nele.

A voz da súplica que sobe para Deus, como grito que quisesse rasgar o silêncio divino, é acompanhada pelo gesto das mãos que se erguem para o céu. Tal gesto é conhecido no antigo Oriente Médio e na Bíblia[14] como atitude corporal de oração, com que o orante manifesta a Deus a urgência da sua súplica. O gesto tem um valor quase universal, baseado na simbólica espacial que imagina o cosmo bipartido: a transcendência divina no alto, o homem embaixo. As mãos levantadas exprimem o desejo de chegar à presença de Deus, procuram encurtar a infinita distância entre as duas zonas e estabelecer de algum modo uma comunicação entre elas. As mãos do orante se erguem, de fato, para o $d^eb\hat{i}r$ $qod\check{s}ek\bar{a}$, literalmente, "o santuário da tua santidade", ou a parte mais interna do templo, "o Santo dos Santos",[15] que no templo salomônico era o centro do edifício inteiro e para o qual confluía a oração de Israel.

O conteúdo da súplica é duplo: "não sejas surdo diante de mim" e "não te cales diante de mim". A primeira frase é construída com o verbo $ḥrš$,

---

[13] Sl 18,47; 62,8; 71,3; 94,22; 144,1; etc.
[14] 1Rs 8,22.38.44.48; Is 1,15; Sl 63,5; 119,48; 143,6; Lm 2,19; 3,41; Ne 8,6; 2Mac 3,20; 1Tm 2,8.
[15] 1Rs 6,5.19-23.31; 7,49; 8,6.

que nesse contexto tem o valor semântico de ser surdo; a segunda com o verbo *ḥšh*, que indica o estar em silêncio com certo matiz de passividade (Sl 39,3; 107,29; Is 42,14; 64,11). A motivação da súplica é uma só: "para que não seja incluído entre aqueles que descem à cova".

O silêncio de Deus que o orante experimenta é como uma antecipação da morte, uma descida ao *sheol*, o mundo do silêncio (Sl 94,17; 115,17). Assim como a palavra divina é fonte de vida, quando Deus cria o céu e a terra (Gn 1), o seu silêncio é uma antipalavra, por essa razão é uma realidade eficaz em sentido negativo. O salmista se encontra diante de um perigo mortal e, se Deus não intervier, chegará inexoravelmente o fim. A situação que vive está marcada por um ocultar-se tão radical da presença de Deus que fez vacilar até a sua esperança de viver. "O silêncio de Deus é raiz de morte e de destruição, de redução ao nada, de queda irreparável no pó (Sl 30,4; 88,4-7; 143,7; Pr 1,12; Is 38,18; Jr 17,13)".[16]

O salmista mostra que possui uma profunda sensibilidade espiritual. Para ele há Deus, embora naquela situação não o consiga perceber e não compreenda totalmente o seu modo de agir. Essa atitude de fé demonstra que a presença de Deus pode ser acolhida e vivida como ausência, e que essa experiência paradoxal é também um modo de entrar em relação com ele; "percebê-lo como carência, como vazio, já é relacionar-se com ele".[17] O grito e o gesto do orante são expressão tanto da ausência como da presença de Deus: com o seu grito dilacerante, o orante denuncia o abismo que se abriu entre ele e Deus, e, ao mesmo tempo, com o seu grito de fé, afirma a presença divina no silêncio e exprime a confiança inabalável de quem sabe que Deus não se calará para sempre.

O salmista não quer descer à cova e sofrer a sorte dos iníquos, provavelmente aqueles que o acusaram injustamente e querem a sua morte (v. 3). O destino que parece abater-se sobre ele é, na realidade, o destino que os malvados merecem. Por isso, com a mesma paixão com que antes implorou a salvação, pede que Deus seja justo e dê aos malfeitores aquilo que merecem pela sua conduta (vv. 4-5). O salmo destaca também o contraste entre a fé do salmista, que se entrega a Deus e sabe encontrá-lo no seu misterioso silêncio, e os ímpios, que se comportam como se Deus não existisse: "não

---

[16] RAVASI, G. *Il libro dei Salmi*, I, p. 514.
[17] Cf. ALONSO SCHÖKEL, L. & CARNITI, C. *Salmos*, I, p. 452.

compreenderam a atuação do Senhor" (v. 5). O salmista vive o momento do silêncio divino agarrado a ele como à sua própria fortaleza; os ímpios reduzem mentalmente Deus ao silêncio,[18] teimam em viver como se Deus fosse mudo e incapaz de agir.

A partir do v. 6 a tonalidade da oração muda: "Bendito seja o Senhor, pois ouviu a voz da minha súplica; o Senhor é a minha força e o meu escudo" (vv. 6-7). Repete-se a mesma expressão do v. 2: "a voz da minha súplica". O Senhor ouviu a oração, mesmo se não é especificada a modalidade concreta com a qual Deus se manifestou. Certamente, o tempo do silêncio e do distanciamento divinos já passou, e o orante se encontra numa situação diferente daquela descrita antes. Agora percebe com clareza aquilo que há tempo acreditou, que o Senhor está com ele e nunca o abandonará. A explicação da sua atitude é muito simples: "O Senhor é a minha força e o meu escudo, meu coração confiou nele". Os efeitos espirituais são evidentes: "meu coração exulta e lhe rendo graças com meu cântico" (v. 7). No início do salmo a voz da súplica contrastava com o silêncio de Deus; agora o canto de louvor celebra a resposta divina. Um canto agradecido e alegre, que é enriquecido indiretamente pelo silêncio de Deus vivido na confiança e na esperança.

O salmista conclui com uma intercessão na qual se fundem a dimensão pessoal e comunitária da fé (vv. 8-9). A sua oração não fica fechada no limite da experiência individual, mas alcança a comunidade à qual pertence. Aquilo que vivenciou não lhe pertence com exclusividade. Por isso a sua oração não termina com o agradecimento pessoal, nem a súplica conclui de modo improviso. Esse crente ora ainda para que a graça recebida se estenda ao seu povo e ao seu rei.

Um profeta defronte ao silêncio de Deus (Hab 1-2)

O livro de Habacuc é um exemplo típico daquele novo gênero de profecia, próximo do lamento ou da queixa, que nasce depois do exílio, diferente da profecia clássica na qual o profeta denuncia a injustiça do homem em nome de Deus. Nesse novo modo de exercer o seu ministério, o profeta, como representante do inocente que sofre e das vítimas da injustiça, com a sua intervenção contesta Deus que não faz justiça, não defende o inocente,

---

[18] Ibidem, p. 453.

não pune os culpados, não intervém de fato na história para restabelecer o direito conculcado.[19]

Não é simples identificar a época histórica à qual Habacuc se refere. Muito provavelmente se trata da época do exílio ou daquela imediatamente precedente a ela, mas, em todo caso, o livro faz alusão a uma situação emblemática, que se repete toda vez que a injustiça predomina na história humana. Interessam-nos os dois primeiros capítulos do livro, que comumente são divididos em quatro partes: protesto do profeta (1,2-4), primeira resposta do Senhor (1,5-11), réplica do profeta (1,12-17), resposta definitiva do Senhor (2,1-4).

Protesto do profeta (1,2-4)

O livro começa com um protesto profético que denuncia o atropelo da justiça na história, em nível duplo: o homem justo sofre violência, e Deus, o juiz supremo, não se preocupa:

> ²Até quando, Senhor, implorarei sem que me ouças,
> gritarei a ti: "violência", sem que me salves?

> ³Por que me fazes ver a iniquidade, e da pena és espectador (*nbṭ*)?[20]
> Destruição e violência estão diante de mim;
> há acusação e se iniciam contendas.

> ⁴Por isso a lei está entorpecida, e o direito não brota;
> pois o malvado se acerca do justo,
> por isso brota um direito torcido.[21]

O profeta constata uma dura realidade histórica que o Senhor coloca diante dele (v. 3: "me fazes ver"). O próprio Deus o põe em contato com a história, e ele, como profeta, deverá captar a sua verdade e sentido. O profeta verifica que não há justiça entre os homens e que as relações humanas se baseiam na violência, por isso ergue a sua voz para denunciar a opressão

---

[19] Cf. BOVATI, P. "La giustizia della fede. A partire da Ab 2,4". In: COLLADO BERTOMEU, V. (ed.). *Palabra, prodigio, poesia*, pp. 224-226.

[20] Embora o texto massorético seja problemático, cremos que deve ser conservado. Traduzimos o verbo *nbṭ* como intransitivo, no sentido de "olhar sem reagir".

[21] Adotamos a tradução literal de P. Bovati ("La giustizia della fede", p. 221).

do malvado (*rāšā'*) sobre o inocente (*haṣṣaddîq*). O termo hebraico *ṣaddîq* não indica aqui simplesmente o homem justo, que realiza obras boas, mas aquele que não fez o mal a outrem e, portanto, é apresentado como a parte ofendida, vítima da injustiça, inocente em sentido relativo, ou seja, na relação com o prepotente que exerce a violência sobre ele.[22]

No entanto, para o profeta o escândalo maior é que, diante dessa realidade, Deus permanece indiferente e silenciosamente passivo. À opressão do homem sobre o homem se acrescenta o silêncio de Deus, que assiste como espectador ao dramático cenário histórico. O profeta experimenta uma dupla injustiça. Por um lado, a opressão que se impõe como norma de convivência entre os homens; por outro lado, o silêncio de Deus, que não intervém para fazer justiça. Surge a pergunta: "Até quando, Senhor, implorarei sem que me ouças, e gritarei a ti 'violência'[23] sem que me salves"? (v. 2); "Por que me fazes ver a iniquidade, e da pena és espectador?" (v. 3). As perguntas do profeta destacam o absurdo da história humana, seja por causa da violência em ato, seja por causa do grito não ouvido.[24]

A legítima reivindicação do profeta não é ouvida. Deus, como Juiz supremo, não acolhe a instância jurídica. O seu tribunal parece ineficiente e as consequências são gravíssimas para a sociedade humana: a administração da justiça é ineficaz, o direito é manipulado e torcido, a lei não é aplicada e o malvado continua a oprimir o inocente. Segundo o profeta, essa situação é consequência da passividade de Deus, que não deixa claro de que lado está. Calando-se, Deus permite que as relações entre os homens se baseiem na força incontrolável da violência e da injustiça (v. 4). Eis que agora se impõe a instância que apela para a palavra de Deus, a pergunta que provoca o Senhor a responder, a justificar-se: "Até quando?" "Por quê?".

---

[22] "É o que é injustamente perseguido e, do lado da razão, é considerado portador de direito contra aquele que o oprime" (BOVATI, P. "La giustizia della fede", p. 222).

[23] O grito "violência", *ḥāmās*, não é simplesmente um desabafo pessoal ou reação instintiva. É a denúncia de um ato injusto, que se dirige sempre a alguém que é juridicamente obrigado a intervir. Com esse grito se pede para ser ouvido em nome do direito, é um pedido de salvação diante da opressão, uma verdadeira exigência de justiça (cf. BOVATI, P. *Ristabilire la giustizia*, pp. 290-292).

[24] Cf. BOVATI, P. "La giustizia della fede", p. 223.

Primeira resposta de Deus (1,5-11)

Depois do protesto do profeta, Deus toma a palavra e convida a contemplar a situação internacional: "Olhai entre os povos e observai". Ele anuncia que está para realizar uma obra assombrosa e incrível, cujo momento concreto de realização não é especificado (v. 5). No v. 6 se descreve essa ação singular de Deus: "Sim, eu farei que se levantem os caldeus". Não é surpreendente o fato de surgir uma nova potência estrangeira na história, o que é realmente assombroso e inconcebível é que o próprio Deus se sirva de um império violento e injusto para realizar os seus desígnios no mundo. O profeta acusara Deus de ficar passivo sem fazer nada. Agora Deus lhe garante que não está absolutamente ausente da história, mesmo quando parece calar-se. Os caldeus, povo altivo e dinâmico, terrível e violento, que percorre amplas regiões da terra conquistando (vv. 6-11), não escapam do plano divino. Até a potência idolátrica desse povo, "cuja força é seu deus", *kōḥō lē'lōhô* (v. 11), deve ser interpretada paradoxalmente à luz da ação divina, mesmo quando esse agir inclui para o justo a condição incompreensível de tornar-se vítima submetida à violência.

O Senhor certamente reivindica a sua plena soberania sobre a história, mas o escândalo do triunfo do injusto sobre o inocente e do silêncio de Deus, posto pelo profeta, ainda está em discussão. Tudo parece indicar que a única força que rege a história seja a do terror e do domínio do mais forte. Sobretudo a divinização da violência (v. 11) provoca no profeta um novo protesto, centrado agora na pergunta acerca do verdadeiro Deus.

Réplica do profeta (1,12-17)

À divinização da força humana o profeta opõe a sua fé no Deus eterno: "Não és tu, Senhor, desde o início, o meu Deus, o Santo que não morre?"[25] (v. 12). O paralelismo do versículo sublinha a ideia da eternidade de Deus.

---

[25] A leitura do texto massorético, *lō' nāmût*, "não morreremos", está incluída na lista dos *tiqqune sopherim*, que por razões dogmáticas evitam a leitura *lō' tāmût*, "não morrerás", referida a Deus. O texto massorético é seguido pelos LXX, pela versão Siríaca e pela Vulgata; no entanto o Targum traduz: "Tu vives, permaneces para sempre". Parece-nos preferível a leitura "não morrerás", em paralelismo com a expressão "desde a eternidade" (cf. WARD, W. H. *A Critical and Exegetical Commentary on Habakkuk*. International Critical Commentary. Edinburgh: T&T Clark, 1911, pp. 11-12).

Para Habacuc, apenas o Senhor é o Deus vivo, desde sempre e para sempre, o único soberano da história. Por esse mesmo motivo é inadmissível para o profeta que Deus deva servir-se de uma potência militar para impor o direito. Um Deus eterno deveria demonstrar o seu domínio sobre a história, sem utilizar um povo violento como instrumento de justiça. O profeta não esconde a sua admiração: "Tu o escolheste para fazer justiça, tu o tornaste forte, ó Rochedo, para castigar?" (v. 12).

O problema posto pelo profeta no seu primeiro protesto não está resolvido (1,2-4). Se no início o profeta era movido pela impaciência ("até quando?") e pela incerteza ("por quê?"), agora, no v. 13, se apresenta cheio de perplexidade:

> Tu, de olhos tão puros
> que não podem ver o mal,
> que não consegues olhar a iniquidade,
> por que vendo (*nbṭ*) os malvados te calas,
> enquanto o ímpio engole o justo?

Ocorre ainda o verbo *nbṭ*, ver de modo insensível, de espectador (1,3), para descrever a atitude do Senhor com relação à história. Também o profeta fora convidado por Deus para observar atentamente o panorama internacional (*nbṭ*) (1,5), mas, de modo diferente de Deus, ele interrogou a si e interrogou a Deus, escandalizado diante de um mal insuportável; o Senhor, porém, fica em silêncio.

Com a metáfora da pesca nos vv. 15-17, o profeta descreve o comportamento dos caldeus, que com o seu poder militar destroem os povos e celebram o próprio triunfo divinizando e adorando a sua força militar. A réplica do profeta termina com uma pergunta inevitável: "Continuará, pois, a esvaziar a rede e a massacrar os povos sem piedade?" (v. 17).

Resposta definitiva do Senhor (2,1-4)

O profeta se coloca num lugar elevado, como uma sentinela, atento para receber uma palavra da parte de Deus, "para ver o que ele me dirá, o que responderá à minha recriminação (*tôkaḥtî*)" (2,1).[26] O Senhor não lhe

---

[26] Sobre a correção textual desse versículo, cf. BÁEZ, S. J. *Tiempo de callar y tiempo de hablar*, p. 174.

responde com uma simples comunicação verbal, mas com uma "visão", termo próprio da linguagem profética. Deus faz Habacuc entrar na dimensão da revelação profética. Ele, que já "viu" (1,3.5) com os seus olhos e com a lógica de uma sabedoria puramente humana, agora deverá olhar uma "visão". O que deverá "ver" agora "não é obviamente objeto de percepção sensível, é antes conhecimento certo e incontrovertível do decreto divino sobre a história humana (cf. Sl 73,16-17)".[27]

Deus responde mandando escrever a "visão" sobre duas tabuinhas (2,2), para que seja objeto de leitura clara e fácil: *lᵉma 'an yārûṣ qôrē' bô*, "de modo que o leitor proceda prontamente".[28] O profeta deverá escrever o que acontecerá no futuro, como uma espécie de testamento que remete o ouvinte a certa data, mas não bem definida, a um tempo não distante, mas que supõe uma expectativa, cujo término não se pode definir com exatidão: "É uma visão para um tempo fixado, aspira por seu termo e não falhará; se tardar, espera por ela, porque certamente virá, não tardará" (2,3). "Essa palavra é essencialmente promessa, e como tal apela para a fé naquilo que não se vê."[29]

O conteúdo exato da "visão" é expresso com a difícil frase hebraica: "Sim, está inchada de orgulho, sua consciência não é reta, mas o justo viverá pela sua fidelidade" (2,4).[30] Pietro Bovati notou com muita agudeza, ao contrário da interpretação tradicional desse texto, que a consciência ou alma (*nepeš*) cheia de orgulho, de que se fala, não designa o povo dos caldeus que, pelo que precede, foi descrito até demais como emblema do malvado, do violento e do idólatra. "O Senhor se dirige ao profeta e fala dele, dizendo que quem tem a consciência orgulhosa e, portanto, não reta, é aquele que, sofrendo – e exatamente por causa da sua condição de vítima exige justiça –, poderia não permitir deixar Deus falar, condenando-o pelo

---

[27] BOVATI, P. "La giustizia della fede", p. 230.

[28] Sobre as diversas interpretações dessa frase, cf. BÁEZ, S. J. *Tiempo de callar y tiempo de hablar*, p. 175.

[29] BOVATI, P. "La giustizia della fede", p. 231.

[30] Sobre as diversas propostas de tradução da difícil frase hebraica *hinnēh ᵉuppᵉlālō' yāšᵉrâ napšô bô wᵉṣaddîq be'ĕmûnātô yiḥyeh*, cf. BÁEZ, S. J. *Tiempo de callar y tiempo de hablar*, p. 176. Propomos a tradução de BOVATI, P. "La giustizia della fede", p. 230 [na tradução brasileira seguiu-se a Bíblia Vozes].

seu prolongado silêncio, pretendendo ter razão em achar injusto o comportamento do Senhor."[31]

A "visão" contém uma promessa de vida para quem está sofrendo, vítima da injustiça: "o justo viverá por sua fidelidade". O justo viverá com a condição de perseverar na própria justiça, ou em conservar conscientemente, em clara oposição ao malvado, um comportamento e um modo de viver que exclua radicalmente todo tipo de violência e, ao mesmo tempo, mantenha uma confiança total na justiça divina, misteriosa e invisível, mas que no seu tempo se manifestará na história.

Habacuc é convidado a superar a atitude orgulhosa de quem tem a presunção de saber mais do que Deus e de ver melhor do que ele. A atitude do profeta é justa apenas enquanto, depois de ter gritado a própria incompreensão em relação à história e ter deixado claro o escândalo que o agir divino suscitava nele, crê na palavra de Deus e confia na sua promessa de vida. O profeta é convidado a superar o orgulho da presunção e tornar-se justo e crente. "A verdadeira justiça é humilde; depois de ter protestado, sabe calar-se e esperar; não presume compreender o sentido da história, aceita entrar no crisol do sofrimento, na humilhação da morte, deixando uma abertura para o Deus da vida se revelar. A verdadeira justiça é aquela que deixa a Deus a glória de fazer justiça."[32]

A experiência de Habacuc sugere qual deve ser a atitude do crente diante do silêncio de Deus, uma atitude marcada pela fé e pela retidão. Em primeiro lugar, o crente deverá interrogar-se sempre com seriedade sobre a história humana e sobre o seu sentido, mas sem nunca interromper o diálogo com Deus, como Habacuc, mesmo se às vezes isso se torna angustiante por causa do misterioso silêncio divino. O verdadeiro crente conserva a fé na presença e na ação de Deus, mesmo quando os acontecimentos históricos parecem negá-la, forte pela palavra do Senhor e pela "visão" que tem, como testemunho certo e fiel da justiça de Deus, da sua ação em favor das vítimas da injustiça e da vitória do bem sobre a perversidade. Em segundo lugar, o homem sofredor que crê, se quiser permanecer justo e gozar da promessa de vida que Deus lhe oferece, nunca deverá, até nos momentos mais dolorosos e dramáticos, ceder à tentação de renunciar à sua justiça

---

[31] BOVATI, P. "La giustizia della fede", p. 232.
[32] Ibidem.

para adotar aquele modo de viver e de agir prepotente e destrutivo do qual é vítima. O justo, de fato, "viverá por sua fidelidade".

Conclusão

Tanto o orante como o profeta, graças exatamente à sua fé, superam o escândalo que o silêncio divino supõe para a própria fé. Eles não negam a contradição, nem fogem da crise, mas se apegam à certeza que brota de uma confiança inabalável. Escutam a palavra divina no silêncio e afirmam Deus na sua ausência aparente, não depois, quando Deus intervém de novo para falar e salvar. O verdadeiro profeta não deixa de esperar e de olhar os discretos sinais da presença divina numa história na qual Deus muitas vezes parece misteriosamente ausente; o verdadeiro orante não cessa de invocar e gritar, forte pela certeza de que o Senhor não se calará para sempre. As duas experiências – a profecia e a oração – mostram que para o homem de fé o essencial é deixar nas mãos de Deus, que se revela e se esconde, que fala e que se cala, a realização de todo o devir dos acontecimentos, sem nunca ceder à tentação do tolo, que diz simplesmente: "não há Deus" (Sl 14,1).

O SILÊNCIO DE DEUS: EXPERIÊNCIA TRÁGICA DO FIM

Na Bíblia, assim como são narrados diversos "inícios", são anunciados diversos "fins". A história da salvação é uma história de "inícios" e de "fins" incessantes. O Deus da Bíblia cria de modo paradoxal, mas também destrói.[1] A expressão "chegou o fim"[2] ocorre em alguns textos particularmente significativos: em Gn 6,13 anuncia-se o dilúvio; em Am 8,2 exprime-se o decreto divino sobre a destruição do reino do Norte; em Jr 51,13, prediz-se a queda de Babilônia; em Lm 4,18 e Ez 7,2.6 faz-se referência à queda de Jerusalém. O sentido mais profundo que se revela em cada um desses "fins", descritos em muitas passagens da Bíblia com a metáfora do silêncio divino, é o juízo definitivo e inapelável de Deus sobre o mau presente na história dos homens.[3]

Dilúvio e exílio

Nos contextos do anúncio do "fim" encontramos muitas vezes situações marcadas pela ausência da palavra divina: "Virá um desastre após outro e haverá um alarme após outro; reclamarão visões do profeta, estarão em falta a doutrina do sacerdote e o conselho dos anciãos" (Ez 7,26); "O sol se porá para estes profetas [...] porque não têm resposta de Deus" (Mq 3,6.7); "não há mais lei, nem seus profetas recebem visões da parte do Senhor" (Lm 2,9); "não há mais profetas e entre nós ninguém sabe até quando" (Sl 74,9).

No relato do dilúvio, a palavra divina é ouvida antes da catástrofe, quando Deus ordena a Noé que entre na arca (Gn 6,13-21; 7,1-4). Depois Deus fecha a porta da arca (7,16) e inicia a destruição do cosmo, agora corrupto e violento (Gn 6,11-12), que é submerso nas águas, como na origem

---

[1] Cf. SKA, J. L. *L'argilla, la danza e il giardino. Saggi di antropologia biblica*. Bologna: EDB, 2000, pp. 10-24.

[2] Essa frase traduz o sintagma hebraico em *bw' + qēṣ*.

[3] Cf. BOVATI, P. & MEYNET, R. *Il libro del profeta Amos*, p. 340.

primordial. Durante todo o tempo que dura o dilúvio, Deus se cala, a sua voz não é escutada. A palavra criadora, que criou o céu e a terra, é retirada do universo, e por isso o cosmo inteiro entra numa espécie de descriação e de silêncio divino. Somente depois do dilúvio, quando as águas tinham secado, volta a ser ouvida a voz de Deus, quando ele ordena que Noé saia da arca com toda a sua família: "Sai da arca [...]" (8,15).

No livro de Amós, depois de o "fim" de Israel ter sido decretado por Deus: "Chegou o fim para meu povo Israel" (Am 8,2), o profeta descreve, nos vv. 11-12, a situação histórica que se aproxima com estas palavras:

> [11]"Virão dias – diz o Senhor Deus – em que enviarei fome ao país, não uma fome de pão, nem uma sede de água, mas de ouvir a palavra do Senhor.[12] Então cambalearão de um mar a outro, errando do norte até o oriente, procurando a palavra do Senhor, mas não a encontrarão.

Como no caso do dilúvio, Deus retira a sua palavra. Não o cosmo, mas o seu próprio povo entra na morte e prova a sede e a fome que fazem morrer deveras, ou seja, não a de água e de pão, mas a da palavra que sai da boca de Deus e que faz o homem viver (Dt 8,3). Deus não está mais disposto a falar a Israel (Am 8,11-12). Essa recusa de Deus a dirigir a palavra ao seu povo é um modo significativo para dizer que agora não há nada a fazer, aqueles que agiram como iníquos e fizeram os profetas (cf. Am 1,2; 7,13) e os sábios (Am 5,13) se calarem são condenados a sentir a falta da palavra de Deus até morrerem envoltos no silêncio: o pecado de Israel encheu completamente a paciência do Senhor, que declara solenemente: "não os perdoarei mais" (Am 7,8; 8,2). Deus retira do seu povo a palavra profética. Dizer que "Deus não fala mais", ou que "não perdoa mais", são "modos expressivos para dizer uma única realidade, a realidade do fim. Qualquer esforço humano se revela inútil, qualquer direção percorrida para mudar a situação é ineficaz. O homem, de fato, é destinado àquilo que ele mesmo quis: tendo rejeitado o profeta (7,10-17), é condenado a sentir a sua falta até morrer".[4]

Séculos mais tarde, também a queda de Jerusalém e a deportação para Babilônia, vividas como tempo de silêncio divino (cf. Is 42,14; 64,11), foram interpretadas por Ezequiel com a categoria do "fim": "Assim diz o Senhor Deus para a terra de Israel: É o fim! Vem o fim para os quatro pontos cardeais do país. Agora que é o fim para ti, mandarei a minha ira contra ti para julgar-te conforme as tuas obras [...] Desgraça sobre desgraça, eis que se aproxima. Vem o fim, o fim vem sobre ti; eis que vem" (Ez 7,2.3.5.6).

---

[4] Ibidem, p. 362.

O fim de Saul (1Sm 28,3-25)

O silêncio de Deus, como condenação inapelável, em relação àqueles que tiveram algum tipo de poder, mas agiram iniquamente, contrastando abertamente com a vontade divina, é objeto de narração a propósito do rei Saul, cuja história está marcada pela rejeição irrevogável por parte do Senhor (1Sm 15,26-29). O trágico desenlace da sua existência, contado em 1Sm 28,3-25, ilustra de modo dramático o amargo silêncio divino que marca o "fim" e exprime uma condenação.

Saul procura em vão obter alguma resposta de Deus num momento em que é gravemente ameaçado pela presença de um exército inimigo. Abatido por causa do silêncio divino, que o aterroriza ainda mais, decide ir consultar uma necromante. A palavra que ouve, vinda do mundo dos mortos, interpreta e confirma a dolorosa situação de Saul: Deus se afastou dele e o abandonou definitivamente. Todo o relato se desenrola durante a noite e está envolto por uma atmosfera tenebrosa e fatídica.

O silêncio de Deus (vv. 3-14)

O relato inicia recordando dois acontecimentos, não só historicamente significativos, mas decisivos para o desenrolar sucessivo da narração: a morte de Samuel[5] e a expulsão de Israel – ordenada por Saul – de todos os adivinhos e necromantes (v. 3). Depois se descreve o momento presente: o exército filisteu se reuniu e acampou em Sunam, enquanto Saul convocou todo o Israel, que acampou em Gelboé (v. 4). Esse confronto bélico inevitável, com um exército aguerrido e bem armado, faz com que Saul se apavore e que, na véspera da batalha, busque uma palavra da parte de Deus (vv. 5-6). Embora o texto não forneça nenhuma informação sobre o conteúdo da consulta de Saul, é muito provável que o rei procurasse obter alguma luz e apoio divino. De fato, naquele tempo era costume entrar em batalha depois de ter consultado um oráculo, para poder enfrentar com sucesso o inimigo (cf. 1Sm 14,37; 23,2; 30,8; 1Rs 22; etc.).

---

[5] A vida de Samuel chegou ao fim; agora não se pode esperar mais nada dele. A lembrança serve unicamente para evocar antecipadamente, com ironia, a futura decisão de Saul de estabelecer um contato com ele [cf. FOKKELMANN, J. P. *Narrative Art and Poetry in the Book of Samuel. The Crossing Fates (I Sam 13-31 & II Sam 1)*. Assen: Van Gorcum, II, 1986, p. 596].

Deus, todavia, não responde a Saul: "Saul consultou o Senhor, mas ele não lhe deu resposta nem por sonhos nem mediante os *Urim*,[6] nem através dos profetas" (v. 6). O rei recorre aos meios lícitos habituais em Israel para conhecer a palavra e a vontade de Deus, mas se depara apenas com o muro misterioso e insuperável do silêncio divino. Saul, como rei que era, tinha proibido os meios ilegais de adivinhação (v. 3); agora até os meios lícitos para obter um oráculo divino lhe são inúteis. Se por meio deles Saul não consegue escutar nada, é porque Deus decidiu calar-se; na realidade, o verdadeiro sujeito do silêncio é o Senhor,[7] que há tempo lhe tinha manifestado a sua total rejeição (cf. 1Sm 13,13-14; 15,16-31).

Rejeitado por Deus e angustiado com o seu silêncio, Saul começa a amadurecer outra decisão, que acaba comunicando aos seus servos: "Buscai-me[8] uma necromante[9] para que eu lhe fale e a consulte" (v. 7).* Procura

---

[6] É desconhecida a forma precisa do instrumento e do seu uso. Não é sequer claro o significado exato do termo. Parece ter sido um objeto destinado a oferecer respostas binárias simples, por meio de um sim ou de um não. A sua utilização era reservada aos sacerdotes levitas (Nm 27,21; Dt 33,8) (cf. ROBERTSON, E. *"urîm* and *tummîm*; what were they". *Vetus Testamentum*, n. 14, 1964, pp. 67-74).

[7] Essa não é a primeira vez que Saul experimenta o silêncio de Deus. Algum tempo antes, durante outro embate com os filisteus, Saul tinha consultado Deus sobre o desfecho da batalha, sem obter nenhuma resposta (cf. 1Sm 14,37). Naquela ocasião o silêncio de Deus estava relacionado com o tema da rejeição divina e da perda da monarquia. Saul encontrou-se completamente isolado. Não só sofreu o silêncio divino, mas também o do povo (1Sm 14,39).

[8] É significativo o uso do verbo "buscar". A história de Saul inicia quando este procura as jumentas do seu pai (1Sm 9,3; 10,2.14) sem achá-las; em vez disso, encontra-se com Samuel, que o unge como rei (1Sm 9,17–10,8). Agora, no final da sua existência, Saul vai procurar uma necromante e de novo encontrará Samuel, mas desta vez o profeta lhe confirma a rejeição de Deus e anuncia a morte a Saul.

[9] A palavra necromante traduz a expressão hebraica *'ēšet ba 'ălat 'ôb*, que foi interpretada de maneiras diversas: uma mulher que possui um instrumento de evocação de espíritos e é perita no seu uso (cf. HERTZBERG, H. W. *Die Samuelbücher. Das Alte Testament Deutsch 10*. Göttingen: Vandenhoeck & Ruprecht, 1960, p. 177), ou uma mulher que possui o espírito de um morto e que se comunica com ele (cf. KLEINER, M. *Saul in Ein-Dor. Wahrsagung oder Totenbeschwörung? Eine synchrone und diachrone Untersuchung zu 1Sam 28*. Erfurter Theologische Studien. Leipzig: Benno, 1995, pp. 132-133).

* Esta tradução em português é da BJ, que é a mesma tradução do autor. A BV traduz assim: "Procurai-me uma mulher entendida em evocar os mortos, pois quero ir a ela e consultá-la" (N.T.).

uma pessoa idônea para mitigar a ausência de resposta divina. Saul não só age levianamente, em contradição consigo mesmo, mas também em aberta transgressão da lei do Senhor, que proibia severamente tais ações (cf. Lv 19,31; 20,6.27; Dt 18,11-12).

Os servos lhe dizem que há uma mulher assim em Endor, e Saul, depois de se ter disfarçado, vai até ela, acompanhado por eles, durante a noite (vv. 7-8). A mulher acolhe o visitante desconhecido, embora reaja com reticência diante do pedido ilícito de invocar um morto, mas Saul a tranquiliza sob juramento em nome do Senhor de que fazer tal gesto não terá nenhuma consequência negativa para ela e lhe pede que invoque o próprio Samuel (vv. 8-11). A mulher faz a invocação, vê Samuel e dá um forte grito, cheia de medo, provavelmente porque compreende que está na presença de Saul, mas o rei imediatamente a tranquiliza (vv. 12-13a). A mulher define o morto que viu subir da terra como um *'ĕlōhîm*, "um ser divino", e o descreve como um ancião envolto num manto (v. 13b). Saul reconhece que se trata de Samuel, cai com o rosto por terra ('arṣâ) e se prostra (v. 14).

Samuel confirma e interpreta o silêncio de Deus (vv. 15-19)

Diante da repreensão inicial de Samuel, pois foi perturbado, Saul confessa a sua situação angustiante: "Estou numa grande dificuldade (ṣar)". Embora ele explique inicialmente a sua aflição por causa da ameaça filisteia, logo deve reconhecer qual é o verdadeiro drama que está vivendo: "Deus se afastou (sār) de mim; não me respondeu mais, nem por meio dos profetas, nem por sonhos" (v. 15). A assonância entre os monossílabos ṣar, "dificuldade", e sār, "afastou-se", mostra também no plano fonético que o motivo último da angústia de Saul é exatamente porque Deus se afastou dele. O próprio Saul fornece uma primeira interpretação para o silêncio divino: Deus se cala porque o abandonou, afastou-se dele.

No início da monarquia, Samuel se apresentara a Saul para indicar-lhe o que devia fazer (1Sm 10,8); agora, o rei pretende obter de Samuel uma palavra semelhante, algo que possa ajudá-lo a se orientar, exatamente como ocorrera no início. Saul, de fato, pede a Samuel: "eu te chamei para me indicares o que devo fazer" (v. 15). Mas tudo já é inútil. Não se pode recomeçar desde o início. Samuel só pode confirmar a decisão divina: "Por que queres consultar-me, quando o Senhor se afastou (sār) de ti?" (v. 16). Não faz senão confirmar o que o rei mesmo já sabia.

Samuel se apresenta como verdadeiro profeta, ou seja, como porta-voz de Deus. Ele não é um simples espírito que fala do lugar da morte. É um profeta que fala em nome de Deus e confirma uma antiga decisão divina: o Senhor se afastou de Saul (cf. 1Sm 16,3; 18,12). As palavras de Samuel são palavras proféticas que provêm do reino da morte como última palavra de Deus para Saul. Deus finalmente falou a Saul, mas, paradoxalmente, para confirmar-lhe o próprio silêncio.

Samuel oferece a Saul uma interpretação ulterior da situação: "(O Senhor) tornou-se teu inimigo (*'ārekā*)" (v. 16).[10] Essa é a explicação mais trágica do silêncio divino. O verdadeiro inimigo de Saul não é o exército filisteu que o ameaça com a guerra, mas Deus mesmo, que retira dele a sua amizade e o abandona.[11] Deus cumpre o que há muito tempo anunciara por meio de Samuel: "O Senhor arrancou de ti o reino e o deu ao teu próximo" (*rēʿăkā*) (v. 17). Ainda no nível fonético, através do jogo de palavras *'ārekā*, teu inimigo, e *rēʿăkā*, teu próximo, acentua-se que o verdadeiro inimigo de Saul não é Davi, mas o próprio Deus. Saul perseguiu de morte Davi, o seu próximo, por muito tempo, como se fosse um inimigo; agora se encontra diante de Deus e deve sofrer o silêncio da inimizade divina.[12]

Samuel explica a atuação divina a partir do fato de que Saul, no passado, desobedeceu ao Senhor (1Sm 15,10-34). A dupla repetição do verbo "fazer", *ʿśh*, evidencia isso: "não ouviste o comando do Senhor e não deste efeito (*lō 'āśîtâ*) à sua ira contra Amalec, por isso o Senhor te tratou (*'āśâ lekâ*) hoje deste modo" (v. 18). Ao "não fazer" de Saul no passado corresponde o "fazer" de Deus hoje. Quando Saul esteve em condições de saber o que devia fazer, não o fez; agora deseja saber o que deve fazer (v. 15), mas a única coisa que fica sabendo é o seu destino fatal. Agora não pode fazer

---

[10] Sobre a problemática textual desse versículo, cf. BÁEZ, S. J. *Tiempo de callar y tiempo de hablar*, p. 198.

[11] Fala-se do Senhor como "inimigo" de Israel em alguns textos tardios (Is 63,10; Lm 2,5; cf. Jr 30,4; Lm 2,4). Trata-se de afirmações que contradizem o agir do Senhor, que defende o seu povo contra os inimigos estrangeiros. Com essa expressão, provavelmente começa a tomar forma a futura ideia profética da guerra santa do Senhor contra o seu povo pecador (Cf. STOEBE, H. J. *Das Erste Buch Samuelis*. Komentar zum Alten Testament 7/1. Gütersloh: Gütersloher, 1973, p. 495; SOGGIN, J. A. "Der prophetische Gedanke über den Heiligen Krieg als Gericht gegen Israel". *Vetus Testamentum*, n. 10, 1960, pp. 79-83.

[12] Cf. COSTACURTA, B. *Con la cetra e con la fionda*, p. 211.

outra coisa que aceitá-lo. A última parte da frase do v. 18 diz, literalmente, em hebraico: "por isso o Senhor te fez hoje esse *dābār*". Dada a dupla acepção do termo *dābār* (palavra, evento), o texto sugere que a experiência do silêncio de Deus que Saul vive é apenas a última e irrevogável palavra divina para ele. Samuel anuncia ao rei o seu fim trágico e iminente pelas mãos do exército filisteu: "Amanhã, tu e teus filhos estareis comigo" (v. 19). Do mundo dos mortos chega a Saul uma palavra decisiva e irrevogável. O silêncio divino que o atormentou toma a forma de uma condenação à morte que ninguém poderá evitar. Saul foi procurar uma palavra no mundo dos mortos e acaba ouvindo a voz da própria morte que é, paradoxalmente, a última palavra de Deus.

A reação final de Saul (vv. 20-25)

Apavorado com tal anúncio, Saul cai no chão (*'arṣâ*) pela segunda vez (v. 20), como também antes tinha caído por terra (*'arṣâ*), prostrando-se diante da aparição de Samuel (v. 14). Depois das palavras do profeta, Saul se encontra na mesma posição física de antes, contudo a mensagem recebida o tinha mudado radicalmente. Passou do temor reverencial diante de Samuel, quando ainda tinha alguma esperança de uma palavra que pudesse romper o silêncio divino, ao terror paralisante diante de uma sentença que lhe anuncia a morte inexorável. O texto realmente destaca o grande pavor que se apoderou de Saul: "cheio de terror" (v. 20), "totalmente apavorado" (v. 21). Particularmente o segundo verbo exprime uma situação de imensa angústia, que por sua vez conduz à incapacidade de agir.[13] Saul está agora paralisado pelo medo, prostrado no chão, como que chamado pela morte no interior da terra.[14]

A sua queda representa simbolicamente o fim do seu reinado e antecipa a sua derrota mortal próxima no combate. O rei, cuja estatura superava a de todo o povo (cf. 1Sm 9,2; 10,23-24), está "estendido"[15] por terra: "a sua

---

[13] Cf. COSTACURTA, B. *La vita minacciata*, pp. 57-59. Em alguns textos indica o terror diante da morte: Ex 15,15; Lv 26,16; Is 13,8; 21,3; 65,23; Sl 39,8; 78,33; etc.

[14] FOKKELMANN, J. P. *Narrative Art and Poetry in the Book of Samuel*, p. 609, faz notar que a dupla repetição da queda no chão é um modo de exprimir a lição que Saul está aprendendo, ou seja, que ele é pó e ao pó deverá voltar.

[15] A expressão hebraica utilizada (*mᵉlō' qômâtô*) poderia ser traduzida literalmente: "na totalidade da sua altura" (cf. COSTACURTA, B. *Con la cetra e con la fionda*, p. 213).

imponência sublinha agora toda a sua impotência".[16] Na noite de Endor, Saul está enfraquecido por causa do prolongado jejum daquele dia (v. 20),[17] mas está abatido sobretudo pelas trágicas palavras do profeta, que lhe confirmaram e interpretaram o silêncio divino. No final do relato, a atitude de Saul é significativamente silenciosa. Desse momento em diante, ele fala só quando a mulher lhe oferece um pouco de pão para que recupere as forças. As únicas palavras que pronuncia são: "Não como" (v. 23), mas diante da insistência da mulher, finalmente aceita comer. E depois, foi como tinha vindo, de noite (vv. 8.25), e se encaminha para enfrentar o seu destino fatal de uma morte inevitável.

O fim dos juízes injustos e dos profetas mercenários (Mq 3,1-8)

No capítulo 3 do profeta Miqueias se condena o comportamento dos chefes civis e religiosos de Judá, que abusam da sua autoridade. O capítulo está estruturado em três seções intimamente ligadas: a primeira é um oráculo dirigido aos responsáveis pela justiça, que exploram o povo com crueldade (vv. 1-4); a segunda é uma condenação dos profetas que desempenham o seu ministério tirando vantagem econômica pessoal (vv. 5-8); e a terceira é um oráculo conclusivo que retoma temas precedentes e termina com a condenação de Jerusalém (vv. 9-12). Nos primeiros dois oráculos do capítulo se denuncia a corrupção das autoridades de Israel e se anuncia uma única sentença: o silêncio de Deus.

Deus não responderá mais aos juízes injustos (vv. 1-4)

O primeiro oráculo é dirigido de modo genérico aos "chefes de Jacó" e aos "governantes da casa de Israel", expressões que, visto que no antigo Israel não existia uma clara divisão dos poderes, poderiam designar qualquer um que exercesse algum tipo de autoridade, seja civil, militar, política ou religiosa.[18] Pelo contexto, porém, se pode deduzir que o oráculo

---

[16] Ibidem.
[17] Sobre as diversas explicações do jejum de Saul, cf. BÁEZ, S. J. *Tiempo de callar y tiempo de hablar*, p. 200.
[18] Cf. VAN DER PLOEG, J. "Les chefs du peuple d'Israël et leur titres". *Revue Biblique*, n. 57, 1950, pp. 40-61.

é dirigido de modo particular àqueles que administravam a justiça nas diversas cidades de Israel.

O profeta inicia recriminando o primeiro dever deles na estrutura da sociedade: "Por acaso não cabe a vós conhecer o direito?" (v. 1). Um conhecimento que se refere não só à compreensão intelectual das exigências da justiça, mas implica sobretudo a responsabilidade e a preocupação pela justa conservação da ordem jurídica. "Conhecer o direito" significa interessar-se para que a justiça seja feita e os direitos dos mais fracos da sociedade sejam respeitados.[19]

O profeta define esses juízes como "inimigos do bem e amantes do mal" (v. 2a), indicando que neles estão radicalmente corrompidos os sentimentos e os pontos de referência éticos. Nos profetas do século VIII a.C., "amar" e "odiar" são verbos que designam a conduta no âmbito jurídico, como "bem" e "mal" são termos que indicam a justiça e a injustiça que se decide nos tribunais (cf. Am 5,15; Is 1,17.23). As autoridades descritas por Miqueias não só não estão eticamente à altura das suas funções, mas, além disso, com a sua conduta atuam contra Deus, que ama a justiça e o direito (cf. Is 61,8; Sl 33,5; 37,28; 146,8). Os vv. 2b-3 descrevem a manifestação externa dessa corrupção interior.[20] O profeta ilustra o comportamento injusto desses juízes com uma metáfora violenta e cruel: agem como canibais, devorando as suas vítimas. A imagem exprime a sua avidez e a sua ferocidade em se aproveitar injustamente do povo.[21]

Diante dessa conduta reprovável, o profeta anuncia um tempo em que essas mesmas autoridades se acharão numa situação de angústia, "então clamarão ao Senhor, mas ele não responderá" (v. 4a). Os verbos "gritar-clamar" (*z'q*) e "responder" (*'nh*) constituem os dois polos nos quais se baseia a relação ideal entre Deus e o crente em Israel.[22] Miqueias anuncia que essa relação faltará para aqueles que oprimem e exploram o povo com

---

[19] Cf. SICRE, J. L. "*Con los pobres de la tierra*", p. 282.

[20] Esses versículos foram objeto de tratamento crítico diferente por causa de algumas dificuldades gramaticais do texto hebraico. Não obstante isso, as versões antigas e muitos comentadores modernos acham que o texto massorético pode ser conservado (cf. BÁEZ, S. J. *Tiempo de callar y tiempo de hablar*, p. 186).

[21] Sobre a tradução dos diversos vocábulos desses versículos cf. BÁEZ, S. J. *Tiempo de callar y tiempo de hablar*, pp. 186-187.

[22] Cf. Ex 2,23; Dt 26,7; Jz 10,10; Sl 22,6; 34,18; 107,6.13.19; etc.

tanta crueldade. O fim da relação deles com Deus é anunciada, os gritos deles serão inúteis. Não há possibilidade de salvação. Quando clamarem pedindo ajuda, Deus não responderá. Estão condenados a uma existência sem Deus. Com as ações injustas que realizaram, impediram radicalmente a sua relação com Deus. As palavras de Miqueias antecipam aquilo que será o centro da ética neotestamentária: "Aquele que não ama permanece na morte. Todo aquele que odeia o seu irmão é homicida, e sabeis que nenhum homicida tem a vida eterna permanecendo nele. Se alguém disser: 'amo a Deus', mas odeia o seu irmão, é um mentiroso" (1Jo 3,14b-15; 4,20a).

O profeta acrescenta um julgamento ulterior: "Naquele tempo,[23] (o Senhor) esconderá deles a sua face, porque seus atos foram maus" (v. 4b). A expressão "esconder a face" indica que não só será rompido o contato através da palavra, mas também lhes será negado radicalmente o favor divino,[24] de tal modo que a existência deles é agora marcada pela morte: "Se escondes o teu rosto, eles se perturbam; se retiras o teu alento, perecem e voltam ao pó" (Sl 104,29).

A linguagem usada pelo profeta faz, de fato, pensar num julgamento irreversível. O silêncio divino do qual se fala tem uma dimensão escatológica, é um juízo de condenação definitiva. A ausência de resposta por parte de Deus e o fato de ele esconder o seu rosto benévolo indica a resposta divina definitiva em relação àqueles (juízes, chefes, profetas, sacerdotes ou qualquer outro) que, tendo recebido dele algum tipo de "poder", não agiram segundo a justiça e o direito.[25]

---

[23] Alguns autores acham que a expressão "naquele tempo", que não respeita o ritmo do versículo, seja uma releitura que interpreta o cumprimento dessa profecia na tragédia do exílio (cf. RENAUD, B. *La formation du livre de Michée*. Paris: J. Gabalda, 1977, p. 123).

[24] Quando Deus esconde o rosto quer dizer que nega a sua benevolência (cf. Nm 6,24-26), esquece (Sl 13,2), rejeita (Sl 27,9), acusa (Sl 51,11) etc.

[25] Permitimo-nos fazer uma breve referência ao Novo Testamento. A parábola do rico e do pobre Lázaro (Lc 16,19-31) ilustra a condenação de um homem que, não tendo obedecido à Lei e aos profetas, em matéria de justiça e solidariedade para com os pobres, e não tendo agido de modo consequente com o pobre que jazia à porta de sua casa, é condenado para longe do seio de Abraão. O texto de Miqueias se refere a essa decisão escatológica de Deus com a metáfora do silêncio divino. Lucas fala de "abismo", Miqueias, de "silêncio". Quando o rico pede que Abraão mande Lázaro dar-lhe um alívio no meio dos seus tormentos, Abraão responde: "Entre nós e vós há

Deus se calará diante dos profetas mercenários (vv. 5-8)

Este segundo oráculo é dirigido aos profetas que Miqueias chama de "profetas que extraviam o meu povo". Com a sua palavra, eles estão levando o povo à ruína: "anunciam a paz se têm algo entre os dentes para morder, mas a quem não lhes põe nada na boca declaram guerra" (v. 5).[26]

A palavra que eles proclamam não vem de Deus, mas é totalmente condicionada pelo dinheiro e pelos bens que recebem. Às pessoas abastadas e poderosas, das quais recebem sustento econômico, anunciam prosperidade; aos pobres, porém, anunciam desgraça. Ao fazer isso, eles não só submeteram o ministério da palavra aos seus próprios interesses econômicos, mas se tornaram a sustentação ideológica da classe social dominante.[27] Inverteram o sentido da palavra profética.

Depois de tal grave acusação, Miqueias declara a sentença: "Para vós será noite em vez de visões, trevas para vós em vez de respostas. O sol se porá sobre estes profetas, o dia se escurecerá sobre eles" (v. 6). A linguagem metafórica da noite, das trevas e do pôr do sol indica a extinção da profecia. A luz é símbolo do Senhor, que se envolve de luz como de um manto (cf. Sl 104,2), e em cuja luz vemos a luz (cf. Sl 36,10), porque exatamente a sua palavra é lâmpada para os passos do homem e a sua palavra é luz no seu caminho (cf. Sl 119,105). O pôr do sol e a chegada das trevas noturnas é uma imagem para anunciar que Deus decidiu retirar desses profetas a capacidade de ver e de saber: tendo manipulado e desnaturado a palavra profética, eles estão condenados a não receber mais nem oráculos nem visões. Estamos diante de uma verdadeira suspensão de um autêntico

---

um grande abismo. Os que quiserem passar daqui para aí não podem, nem tampouco daí para cá" (Lc 16,26).

[26] WOLFF, H. W. *Micha*. Biblischer Kommentar 14/4. Neukirchen: 1982, p. 73, observa que Miqueias utiliza de modo sarcástico uma expressão que lembrava os preparativos para a guerra santa (cf. Js 3,5; 1Sm 13,8-12) e que, portanto, não é preciso pensar numa guerra autêntica (Jr 6,4; Jl 4,9), mas numa relação de hostilidade entre aqueles que detêm o poder da palavra e aqueles que vivem em situação de marginalização na sociedade.

[27] SICRE, J. L. "*Con los pobres de la tierra*", p. 286, fala neste caso de uma espécie de "teologia da opressão".

carisma profético, que não é julgado necessariamente como falso, mas como pervertido.[28]

Esses profetas desacreditados afundam na vergonha e na desonra. Doravante não terão mais influência religiosa na vida pública do país: "Os videntes serão cobertos de vergonha e os adivinhos ficarão envergonhados; todos cobrirão o lábio, porque não têm resposta de Deus" (v. 7). Cobrir o lábio superior ou o bigode era um gesto de luto (Ez 24,17.22), praticado também pelos leprosos como sinal de sua exclusão da vida social (Lv 13,45). Com essa imagem, Miqueias acentua, de novo, o fim do carisma profético dessa gente e a sua exclusão da sociedade como profetas.

A explicação do veredicto divino é clara: "porque não têm resposta de Deus". Os profetas são chamados a proclamar a palavra divina e a interpretar a sua vontade na história, agora Deus nega-lhes a palavra e os desacredita como profetas.[29] A sua vocação foi revogada, a palavra profética extinguiu-se neles inexoravelmente,[30] desde o momento em que o "silêncio de Deus" os condenou a "calarem-se".

O oráculo termina com o v. 8, que opõe a profecia autêntica à falsa: "Eu, contudo, estou cheio de força, com o espírito do Senhor,[31] de justiça e de coragem, para anunciar a Jacó as suas culpas e a Israel o seu pecado". Pareceria que, no fim, o próprio Miqueias toma a palavra.[32] Como todos os outros profetas autênticos, de modo diferente dos profetas mercenários, ele é forte, comprometido com a justiça, livre para anunciar a palavra de Deus e denunciar ao povo, com coragem, os pecados e os crimes.

---

[28] Cf. WOLFF, H. W. *Micha*, p. 73; HILLERS, D. R. *Micah. A Commentary on the Book of Micah*. Hermeneia. Philadelphia: Fortress, 1984, p. 46.

[29] Cf. CARROLL, R. P. "Night without vision. Micha and the Prophets". In: MARTÍNEZ, F. & HILHORST, A. & LABUSCHAGNE, G. F. (ed.). *The Scripture and the Scrolls. Vetus Testamentum Supplements* 49. Leiden-New: York-Köln, Brill, 1992, p. 78.

[30] Cf. Ez 7,26; Am 8,11-12; Lm 2,9; Sl 74,9.

[31] A maioria dos comentadores considera que a frase *'et rûaḥ yhwh* é uma glosa que sobrecarrega o texto, rompe o ritmo do versículo e contrasta com a concepção profética do século VIII a.C., baseada sobre a Palavra e não sobre o Espírito. Provavelmente se trata de uma releitura posterior (cf. RENAUD, B. *La formation du livre de Michée*, p. 132; Wolff, H. W. *Micha*, p. 61).

[32] Sobre o complexo problema da presença de elementos vocacionais de Miqueias nesse versículo, cf. VAN DER WOUDE, A. S. "Micha in Dispute with the Pseudo-Prophets". *Vetus Testamentum*, n. 19, 1969, pp. 244-260; WOLFF, H. W. *Micha*, p. 75).

Conclusão

O Deus bíblico é o Deus da palavra. Não é uma divindade muda, como os ídolos sem vida. Quando Israel experimenta o silêncio divino, sabe que não está diante do mutismo de uma divindade distante e indiferente dos acontecimentos da história humana. Os crentes, de modo particular os orantes e os profetas, fazem experiência do silêncio divino como linguagem e manifestação da absoluta liberdade divina, do Deus incontrolável e imprevisível na sua infinita transcendência. Mas a Bíblia descreve outro silêncio divino, diante do qual não há nada a fazer nem a esperar, o silêncio do juízo inapelável de Deus acerca da maldade e da perversidade humanas. Esse silêncio, expressão da justiça divina e manifestação irrevogável de um Deus que nunca se torna cúmplice do mal, é o resultado terrível e mortal da rejeição que a humanidade faz do bem e da verdade, em suma, de Deus e do seu projeto de vida. É o silêncio da condenação última, da morte definitiva, quando apenas estas palavras poderão ser ouvidas: "Nunca vos conheci; afastai-vos de mim, vós que praticais o mal" (Mt 7,23).

O SILÊNCIO SE TORNA PALAVRA

No Novo Testamento, o silêncio, além das modalidades contingentes com as quais pode se apresentar, é sempre único na origem: o "mistério envolvido em silêncio (*mystērion sesigēmenon*) desde a eternidade, porém agora revelado" (Rm 16,26). O *mystērion*, o projeto eterno de Deus, é apresentado na sua estrutura intrínseca de realidade escondida e revelada, silenciosa e manifesta. Envolvido pelo silêncio desde a eternidade, tornou-se historicamente visível no evento da Palavra que se fez carne e no sucessivo anúncio querigmático de Cristo.

Certamente, "ninguém nunca viu Deus" (Jo 1,18), mas Deus não é uma individualidade voltada sobre si mesma, mas um mistério relacional, um ser que é força de expressão de si mesmo, diálogo eterno que se expande e, enquanto tal, fonte de relação. O prólogo do evangelho de João afirma, de fato, que "no princípio era o *Logos*", ou seja, a palavra, que em sentido bíblico é também imediatamente dinamismo, ação, projeto divino (Jo 1,1). O mesmo prólogo joaneu celebra que esse mistério divino, num momento determinado da história, se revelou num homem, Jesus de Nazaré: "o *Logos* se fez carne" (Jo 1,14). Por esse motivo, para o Novo Testamento, o conceito de "palavra" se torna uma categoria teológica fundamental. Cristo Palavra é, de fato, o caminho que revela e conduz ao mistério divino. O silêncio, no Novo Testamento, é definido, portanto, sempre em relação com este acontecimento fundamental e único, a manifestação do *Logos* de Deus na existência histórica de Jesus.

No entanto, a conclusão do prólogo joaneu, embora declarando que o Filho único de Deus, igual a Deus, é o mediador da revelação, não anula a distância entre o Pai e o Filho único, recordando, ao mesmo tempo, a perfeita comunhão: "Ninguém nunca viu Deus. O Filho único de Deus, que está junto ao Pai, foi quem no-lo deu a conhecer (*exēgēsato*)" (Jo 1,18). João afirma, em consonância com toda a tradição bíblica, a impossibilidade de ver a Deus, mesmo depois da manifestação do Filho, que viveu continuamente voltado para o Pai na sua existência terrena e que, por conseguinte, é o único que pode revelá-lo. O "ver" Deus é substituído por "ouvir" o

Filho, a Palavra que se deixa escutar. Para descrever a missão reveladora do Filho, João utiliza um verbo que pertence ao campo semântico da linguagem, *exēgeomai*, "contar, relatar", "explicar em detalhe", como faz a testemunha ocular de um acontecimento. O Filho único, a única testemunha ocular do Pai, "conta" o que viu, e o seu "contar" é autêntico, já que apenas Deus pode falar adequadamente de Deus.

O Deus revelado em Cristo é, ao mesmo tempo, Deus invisível e silencioso, manifesto e revelado. A Palavra, o Filho, é a porta que nos introduz no abissal mistério divino, silencioso e escondido. Acolhe verdadeiramente a Palavra feita carne só quem escuta o Silêncio, do qual ela provém e o qual ela manifesta. A "escuta" autêntica da Palavra é ouvir o Silêncio além da Palavra, o Pai, do qual o Filho é revelação no mistério da sua obediência incondicionada: "Quem crê em mim, não crê em mim, mas naquele que me mandou; quem me vê, vê aquele que me enviou" (Jo 12,44; cf. 13,20; 14,24). A adesão de fé à Palavra, em obediência fiel àquele que revela Deus, exige a escuta do Silêncio, a escuta do Mistério divino que se tornou acessível na Encarnação do Filho, exige o acolhimento do Pai, o Deus escondido no silêncio.[1] Como ensina São João da Cruz: "Uma palavra disse o Pai, que foi seu Filho; e a diz sempre no eterno silêncio e em silêncio ela há de ser ouvida pela alma".[2]

Se rasgasses o céu e descesses

A experiência religiosa do judaísmo imediatamente precedente à época do Novo Testamento é caracterizada não só pelo apego à *torah*, mas pela consciência coletiva de viver um tempo de silêncio, de ausência da palavra profética. Vive-se uma espécie de saudade da palavra divina, como alguns textos tardios do Antigo Testamento deixam entrever: "Se rasgasses o céu e descesses!" (Is 63,19); "Foi essa uma grande tribulação para Israel, qual não tinha havido desde o dia em que não mais aparecera um profeta no meio deles" (1Mc 9,27).

Esse vazio histórico, no qual a palavra nunca se deixa ouvir, torna-se espera ansiosa graças à fé de inumeráveis homens e mulheres, que continuam a esperar e vivem em atitude de profunda escuta. Dessa espécie de

---

[1] Cf. FORTE, B. *Teologia della Storia*, pp. 63-73.
[2] *Ditos de luz e amor*, 98 (SÃO JOÃO DA CRUZ, *Obras completas*, p. 102).

crentes saem de modo particular os personagens de quem falam os evangelhos da infância: Simeão, Ana, Isabel e, sobretudo, Zacarias.

Este último é como um ícone desse tempo de silêncio e de espera: o seu silêncio precede e acompanha a manifestação da última voz profética antes de Jesus, a de João Batista. Zacarias, exatamente quando recebe do anjo a boa-nova, fica mudo, segundo o relato, por ter pedido um sinal (Lc 1,20), mas essa explicação não é totalmente clara, porque outros antes dele pediram um sinal de Deus e não são descritos necessariamente como não tendo fé (Gn 15,8; 38,3; Lc 1,34).[3]

Provavelmente o silêncio de Zacarias tem um valor catequético em perspectiva cristã: é preciso acolher a palavra de Deus sem pedir sinais (Jo 20,29); num registro diferente, porém, no simbólico e teológico, o silêncio dele é como um prolongamento histórico do "mistério envolto em silêncio (*mystērion sesigēmenon*) desde a eternidade" (Rm 16,26). De fato, o anjo diz: "ficarás mudo e sem poder falar até o dia em que isso acontecer" (Lc 1,20). Mais tarde, quando devem dar o nome ao filho que nasceu de Isabel, sua mulher, e ele ainda está impossibilitado de falar, "pediu uma tabuinha e escreveu: João é seu nome" (Lc 1,63), o nome indicado pelo anjo (Lc 1,13), o mesmo que também Isabel, sem nada ter combinado com o marido, tinha indicado (Lc 1,60). João, ou seja, "Deus tem misericórdia", é um nome que provém de Deus. Assim que escreveu o nome do filho, ou o exprimiu em silêncio através da escrita, Zacarias pode de novo falar. Não só isso, assim que Zacarias volta a falar, entoa o cântico do *Benedictus* (Lc 1,69-79), que Lucas qualifica como profético (Lc 1,67). Do silêncio do velho sacerdote surge um hino de bênção em tons proféticos, que abre a inteligência à novidade dos tempos novos. Do silêncio de Zacarias nascem um filho profeta, a última palavra profética da antiga aliança e uma bênção profética que ilumina o sentido dos acontecimentos na aurora da salvação.

---

[3] Segundo R. Brown, há muitos pontos de contato entre o anúncio de Gabriel a Zacarias e o livro de Daniel, com quem o sinal de ficar mudo faz eco (cf. Dn 10,15). Lucas pretenderia dar à cena um tom escatológico e transcendente. Brown observa, ademais, que a bênção sacerdotal, que no início do evangelho de Lucas Zacarias não tinha condições de dar, por causa do seu silêncio, será dada no final do evangelho por Jesus Ressuscitado aos seus discípulos, em Betânia (Lc 24,50-52). (Cf. BROWN, R. *The Birth of the Messiah. A Commentary on the Infancy Narratives in Matthew and Luke*. London: Geoffrey Chapman, 1977, pp. 270-271; 280-281. Trad. it. *La nascita del Messia second Matteo e Luca*. Assisi: Cittadella, 1981, pp. 358-360, 372-373).

Do céu se escuta a voz do Pai

O evangelho de Lucas ambienta o nascimento de Jesus no silêncio da noite (Lc 2,8), e todos os evangelistas contam a descoberta do sepulcro vazio exatamente no momento em que a noite cede o lugar ao dia, na aurora do primeiro dia da semana (Mt 28,1; Mc 16,2; Lc 24,1). A noite, como tempo de silêncio, é espaço livre para a intervenção salvífica de Deus. Noite e silêncio constituem um enquadramento cósmico ideal para contar o protagonismo da Palavra, que se revela soberana exatamente onde não há sons, ruídos e vozes que possam interferir nela.

O silencioso aparecimento da Palavra na história suscita por sua vez outros silêncios significativos. Há o silêncio de José, que inicialmente se cala e decide mandar Maria embora "em segredo" (Mt 1,19), perturbado por acontecimentos que não consegue compreender até o fundo. Ele, sempre silencioso (não se escuta nem uma palavra dele nos evangelhos!), atua solícito e fiel, obediente aos desígnios de Deus. Há o silêncio de Maria, que vive atenta aos acontecimentos que dizem respeito ao seu filho e, depois, os guarda com cuidado e inteligência, mas de modo silencioso e amoroso, no seu coração (Lc 2,19.51). Há, enfim, o silêncio do deserto, o espaço em que João Batista vive e desempenha o seu ministério profético (Lc 1,80). O evangelho de Lucas coloca no deserto o evento decisivo, que garante a legitimidade do ministério do Batista: "A palavra de Deus foi dirigida a João (*egeneto rēma theou epi Iōanēn*, veio a palavra de Deus sobre João), filho de Zacarias, no deserto" (Lc 3,2). A palavra se revela no deserto. É inútil precisar geograficamente o lugar. Mateus o identifica com "o deserto da Judeia" (Mt 3,1). Lucas prefere acentuar o simbolismo teológico do deserto, como espaço no qual os bens da criação não podem seduzir e afastar de Deus, nem outras vozes podem interferir na palavra divina. A voz profética de João ressoará desde o lugar silencioso do deserto para chegar a todas as categorias sociais e religiosas e assim, através da conversão e do perdão dos pecados, preparar o povo ao cumprimento das promessas divinas (Lc 1,17).

O próprio Jesus, antes de iniciar o seu ministério público, vive muitos anos de modo escondido e silencioso (Lc 2,51.52), imerso na cotidianidade da vida humana. Passa certo tempo no deserto, mostrando-se radicalmente fiel ao desígnio messiânico de Deus (Mc 1,12-13; Mt 4,1-11; Lc 4,1-13). Os evangelistas fazem coincidir o início do seu ministério público com o seu batismo no Jordão, quando os céus, fechados e silenciosos há séculos, se abrem e se deixa escutar a voz do Pai que o proclama seu Filho amado (Mt 3,13-17; Mc 1,9-11; Lc 3,21-22).

Jesus: palavra e silêncio

O silêncio muitas vezes se faz presente durante o ministério de Jesus. Os evangelhos fazem referência ao seu hábito de passar longas horas em oração, durante o silêncio da noite (Lc 6,12), ou de sair de casa de madrugada para orar, quando "ainda estava escuro" (Mc 1,35). O tempo privilegiado da sua oração é o tempo noturno, envolto pelo silêncio; o espaço são os lugares solitários e silenciosos: Mc 1,35 fala de *erēmos tópos*, Lc 5,16 simplesmente de *erēmoi*. Esses tempos e esses espaços, marcados pelo silêncio, se tornam para Jesus o ambiente propício para viver na oração a sua relação de amor com o Pai, na qual acolhe e redescobre continuamente o sentido e a orientação da própria missão, reforçando continuamente a sua fidelidade e a sua obediência ao Pai. A palavra e a ação de Jesus brotam e se nutrem continuamente do silêncio adorador da oração.

Na palavra de Jesus, a onipotente palavra divina atua como senhorio de Deus na história. Com a sua palavra, cheia de autoridade e de poder, Jesus impõe o silêncio às forças hostis ao cosmo e à existência humana: faz se calarem os espíritos imundos (Mc 1,25; Lc 4,35) e o fragor do vento e do mar (Mc 4,39). O seu comportamento, coerente e libertador do homem, deixa os seus adversários sem palavras (Lc 14,4), os quais "nada lhe podiam replicar" (Lc 14,6) e estavam "maravilhados com a sua resposta" (Lc 20,26; cf. Mt 22,34). Às vezes ele mesmo permanece em silêncio e se recusa a falar àqueles que conscientemente se fecham à evidência da verdade (Mc 11,33). O próprio Jesus, que faz os seus adversários se calarem, torna capaz de falarem aqueles que estão fisicamente impossibilitados disso por causa da surdez e da dificuldade de se exprimirem. A sua palavra soberana, "effata", isto é, "abre-te", devolve a um homem, voltado sobre si mesmo, fechado no silêncio mortal de quem não consegue comunicar-se por ser surdo e mudo, a capacidade de relacionar-se, de entrar em contato com os outros e com Deus (Mc 7,31-37).

Um silêncio particularmente significativo é o de Jesus durante o processo ao qual é submetido antes de ser condenado à morte, do qual todos os evangelistas dão testemunho, mesmo se não concordam totalmente nos detalhes (Mt 26,63; 27,12-13; Mc 14,61; 15,4; Lc 23,9; Jo 19,9-10). Durante o processo, o silêncio de Jesus não é absoluto. Jesus não responde às acusações das falsas testemunhas que depõem contra ele (Mt 26,62-63), mas, quando é interrogado acerca da sua pessoa e da sua missão, ele fala (Mt 27,11-13; Jo 19,11). Quando se trata de acentuar a verdade sobre si mesmo e sua obra messiânica, Jesus não se cala. No entanto, fica em silêncio diante das falsas acusações contra ele, renunciando desse modo ao legítimo direito da sua defesa. Jesus, para não declarar ninguém culpado, sofre as calúnias e até a condenação à morte. Desse modo, o seu silêncio durante a paixão é uma expressão excelente de amor. O seu silêncio deixa claro que a sua inocência não é causa da condenação de ninguém; ao se calar, manifesta que não está disposto a tratar ninguém como inimigo.[4]

Do silêncio da cruz ao silêncio do Espírito

O Silêncio divino, do qual procede a Palavra, se torna acessível no evento da cruz. O silêncio do Pai, que abandona o Filho e o entrega à morte, e o silêncio do Filho, que em amorosa obediência aceita a própria morte, são expressões de uma superabundância de amor, que excede toda capacidade humana de amar. O abandono total do Filho nas mãos do Pai, no silêncio lacerante do abandono e da morte na cruz, enche de sentido o tempo da escuridão e do silêncio de Deus. Naquele silêncio mortal no qual Jesus de Nazaré assume o pecado do mundo, realiza-se a comunhão infinita do amor entre o Pai e o Filho.

Jesus morre cercado de vozes humanas que o insultam e zombam dele (Mc 15,29-32; Lc 23,39) ou que o desafiam a realizar uma ação poderosa para salvar a si mesmo (Lc 23,35-37). Em contraste com essas vozes humanas, Deus se cala, não responde ao "porquê" do Cristo que morre (Mt 27,46; Mc 15,33) e não intervém para salvá-lo. Com aquele misterioso silêncio, o Juiz supremo não faz justiça ao inocente condenado à morte. Ao se calar, o Pai renuncia a salvar o seu Filho, para não declarar culpados aqueles que o condenaram. Com o seu silêncio, Deus exprime o sentido mais profundo da sua justiça, que se revela como misericórdia, perdão e salvação em relação aos homens: "Aquele que não conheceu pecado, Deus o fez pecado por causa de nós, a fim de que, nele, nos tornássemos justiça de Deus" (2Cor

---

[4] Cf. BOVATI, P. *Ristabilire la giustizia*, p. 314.

5,21). No silêncio divino durante a crucifixão de Jesus, torna-se presente um Deus apenas aparentemente "fraco". O silêncio de Deus na morte de Jesus revela, antes, quanto o amor de Deus é infinitamente maior e mais forte do que a violência, a injustiça e o pecado dos homens.

A ressurreição de Jesus é o início de uma esperança "que não engana" (Rm 5,5), é o fulgor de uma "palavra" dita por Deus pelo silêncio e no silêncio, a última e definitiva palavra de Deus sobre a história e sobre cada homem. Só a Páscoa de Jesus é, de fato, a Palavra capaz de vencer todos os silêncios mortais do homem e a verdadeira fonte de esperança segura diante do silêncio desconcertante do Deus único e verdadeiro. À luz do evento pascal, o silêncio da cruz é boa notícia para todos aqueles que, como Jesus, vivem e morrem à margem da história, obrigados pelo mundo ao silêncio e aparentemente abandonados por Deus.

O silêncio da cruz inaugura outra experiência de silêncio, o silêncio no qual ressoará a Palavra na história: a experiência do Espírito, que não tem uma revelação própria, porque "não falará de si mesmo", mas, segundo a promessa de Jesus, "vos conduzirá à verdade plena" (Jo 16,13) e "vos ensinará tudo e vos recordará tudo o que eu vos disse" (Jo 14,26). A palavra proveniente do eterno silêncio do Pai será ouvida na história no silêncio da fé, que escuta o Espírito, através do qual ressoa hoje, atual, fecunda, viva, a palavra de Jesus. Ao êxodo do Silêncio divino, que sai de si mesmo, corresponde o êxodo do homem, que sai de si mesmo, em abertura ao Mistério que se revela na Palavra e em adoração do Deus revelado na ocultação e escondido na revelação.[5]

Morte e ressurreição da Palavra

O silencioso extinguir-se da palavra de Jesus na cruz é concomitante ao silêncio no qual afundam os seus discípulos, que se calam e se escondem de medo (Jo 20,19). O evangelho de Marcos afirma que, até já antes da morte de Jesus, "abandonando-o, todos fugiram" imediatamente depois que ele foi preso (Mc 14,50). Marcos não fala explicitamente dos discípulos, mas eles certamente estão incluídos naquele genérico "todos". O verbo grego utilizado *aphiēmi* (abandonar) é o mesmo que Marcos usa

---

[5] Cf. FORTE, B. *La parola della fede. Introduzione alla simbolica ecclesiale*. Simbolica ecclesiale 1, Cinisello Balsamo (Mi): San Paolo, 1996, pp. 23-24.

para descrever os discípulos que deixaram o trabalho e a família para seguir Jesus (Mc 1,18.20; 10,28-29). No momento em que Jesus é preso, eles fazem um movimento inverso ao do seguimento, agora abandonam Jesus e fogem. Não falam mais, afundam no silêncio da ilusão e do medo.

Os relatos das aparições do Senhor ressuscitado, porém, apresentam Jesus que, vitorioso sobre a morte, volta aos seus e fala a eles. Com a Ressurreição, faz-se ouvir de novo a voz de Jesus que fala às mulheres (Mt 28,9), a Maria Madalena (Mc 16,9-11; Jo 20,11-28), aos discípulos (Mt 28,16-20; Mc 16,14-19; Lc 24,13-50). Pode-se afirmar sem exagero que, nos relatos das aparições do Senhor Ressuscitado, a ação que mais ocorre e é característica cabal de Jesus é a de *falar*.[6] A palavra que Jesus Ressuscitado dirige aos seus discípulos faz voltar à vida a palavra da sua comunidade, como palavra que nasce da morte, e destinada agora a chegar a "todas as nações" (Mt 28,18-20; Lc 24,47-48), "todo o mundo", "toda criatura" (Mc 16,15), "por toda parte" (Mc 16,20), "até os confins da terra" (At 1,8).

A conclusão de Marcos

Particularmente significativa é a conclusão original do evangelho de Marcos (Mc 16,1-8), na qual se conta que Maria Madalena, Maria de Tiago e Salomé vão ao sepulcro de Jesus e o encontram aberto (vv. 1-4), com um jovem no seu interior, vestido de branco, que, depois de dizer para elas não terem medo, anuncia a ressurreição de Jesus Nazareno crucificado (v. 6), encarregando-as de dizerem aos discípulos para se dirigirem à Galileia; ele os precederá lá e poderão novamente vê-lo (v. 7). Paradoxalmente, porém, o relato conclui dizendo: "Elas saíram e fugiram do túmulo, pois um tremor e pavor se apossaram delas. E *nada contaram a ninguém*, pois tinham medo" (v. 8).[7] Embora seja relatado esse misterioso silêncio das mulheres,

---

[6] Os dados estatísticos acerca dos verbos *dicendi* que ocorrem nesses relatos são significativos. Tendo Jesus Ressuscitado como sujeito, o verbo *lalēin*, "falar", ocorre duas vezes (Mt 28,18; Mc 16,9); o verbo *legein*, "dizer", porém, ocorre trinta e nove vezes (Mt 28,9.10.13.18; Mc 16,5; Lc 24,17.19.25.36.38.40.41.44.46; Jo 20,15.16.17.19.20.21. 22.26.27.29; 21,5.6.10.12.15.16.17.18.19.22). O mesmo verbo *legein*, tendo como sujeito um personagem celeste, ocorre oito vezes (Mt 28,5.6.7; Mc 16,6.7; Lc 24,5; Jo 20,13).

[7] Sobre as diversas interpretações desse silêncio, cf. O'COLLINS, G. "The Fearful Silence of Three Women, Mk 16,8c". *Gregorianum*, n. 69, 1988, pp. 489-503; LINCON,

o leitor do evangelho de Marcos sabe que o anúncio pascal já se espalhou por todo o mundo. O próprio leitor-crente é prova disso. E isso não teria sido possível se as mulheres não tivessem se livrado do seu silêncio e se Pedro com os discípulos não tivessem se encontrado com o Ressuscitado na Galileia.

O silêncio das mulheres é um habilíssimo expediente literário de Marcos, com o qual quer mostrar "a vistosa inadequação da fé colocada em confronto imediato com o seu objeto a acolher e transmitir".[8] Aquele misterioso silêncio mostra quão difícil foi e ainda é o caminho para a fé e para o anúncio da ressurreição de Jesus. Aquelas mulheres são testemunhas de uma fé que não conseguem entender e exprimir plenamente. O seu silêncio ilustra como a experiência pascal é uma realidade que transcende o conhecimento do homem e as suas capacidades para explicá-la racionalmente. A fé pascal é essencialmente encontro com Jesus Ressuscitado, um encontro que nunca se pode exprimir plenamente com palavras.

Evidentemente, como foi dito anteriormente, o silêncio das mulheres é um artifício literário de Marcos. Esse silêncio, a certa altura, se tornou insustentável. As mulheres falaram, e os discípulos se encontraram de novo com Jesus na Galileia. Mas Marcos não relata nem as palavras das mulheres, nem o encontro dos discípulos com Jesus. O seu relato conclui-se no silêncio. Calam-se as personagens e cala-se o narrador, o qual "tornando-se solidário com as próprias personagens e optando ele mesmo por calar-se, obriga o leitor a elaborar uma paráfrase que explicite o que a reticência de fato deixa em silêncio e só alusivamente significa [...]. Induz o leitor a olhar para frente, para ele imaginar a conclusão do relato negada pelo texto".[9] Era certamente necessário que as mulheres falassem para que o anúncio chegasse aos discípulos e ao mundo inteiro, mas o falar delas não é suficiente para que o Evangelho continue a ser difundido. Com aquele silêncio misterioso das mulheres, com aquele "vazio narrativo a encher", o autor

---

A. T. "The Promise and the Failure: Mark 16,7.8". *Journal of Biblical Literature*, n. 108, 1989, pp. 283-300; VIGNOLO, R. "Una finale reticente: interpretazione narrative di Marco 16,8". *Rivista Biblica Italiana*, n. 38, 1990, pp. 225-239; BOOMERSHINE, T. E. "Mark 16,8 and the Apostolic Commission". *Journal of Biblical Literature*, n. 100, 1991, pp. 225-239.

[8] VIGNOLO, R. "Una finale reticente", p. 162, nota 74.
[9] Ibidem, p. 179.

do primeiro evangelho "fornece um expediente eficaz para induzir os seus leitores a se reapropriarem em termos mais conscientes da inteligência da história de Jesus e do Evangelho".[10] Cada leitor do evangelho, com o seu esforço para refazer pessoalmente o caminho de Jesus e proclamar a boa--nova da Páscoa, deverá concluir o relato e encher aquele vazio narrativo. A palavra e a vida do leitor farão com que aquele silêncio se torne continuamente palavra de experiência e de anúncio.

A interpretação de Lucas

Nos Atos dos Apóstolos, no relato de Pentecostes, a comunidade cristã pós-pascal é descrita como comunidade falante e comunicativa, como grupo que recuperou a palavra depois de uma fase dolorosa de silêncio que coincide com o desaparecimento físico de Jesus. O dia de Pentecostes ressuscita a palavra dos discípulos de Jesus. Eles possuem agora uma palavra nova e de horizontes ilimitados, nascida da força e da novidade da Páscoa. O fogo se torna palavra e palavra universalmente inteligível: "Apareceram--lhes línguas como de fogo, que se repartiam e que pousaram sobre cada um deles. E todos ficaram cheios do Espírito Santo e começaram a falar em outras línguas, conforme o Espírito Santo lhes concedia que se exprimissem" (At 2,3-4).[11] O fogo é símbolo teofânico da presença inacessível e purificadora de Deus,[12] "as línguas como de fogo" é uma expressão simbólica para descrever a presença divina do Espírito Santo que enche os Apóstolos reunidos em Jerusalém ("ficaram cheios do Espírito Santo") e cujo primeiro efeito é "falar em outras línguas".[13]

---

[10] Ibidem, p. 182.

[11] No judaísmo se comentava amplamente a teofania do Sinai e essas reflexões poderiam ter sido conhecidas pela tradição de Lucas ou pelo próprio Lucas. É significativo um *midrash* que se encontra em Fílon de Alexandria, que aparece um século antes do texto lucano e que apresenta um parentesco evidente com o relato de Pentecostes: Deus "ordenou que se produzisse no ar um som invisível", som que foi "transformado em fogo de chama", a chama, por sua vez, "se articulava numa linguagem (*dialekton*) familiar aos presentes (*De Decalogo*, 32-47). Se Lucas se inspirou nessas imagens, não quer dizer que necessariamente ele quis interpretar a descida do Espírito Santo à luz da teologia do Sinai (cf. ROLOFF, J. *Die Apostelgeschichte. Das Neue Testament Deutsch 5*. Göttingen: Vandenhoek & Ruprecht, 1981, p. 41).

[12] Ex 3,2; 19,18; 24,17; Dt 4,11-12; cf. Hb 12,18.

[13] A expressão *lalein heterais glōssais* poderia ser entendida no sentido de falar uma língua estrangeira, ou uma língua absolutamente outra, bem diferente daquela

Em Gn 11,1-9 se conta a tentativa dos homens que decidem construir uma cidade e uma torre "que chegue até o céu", pois não querem ser "dispersados por toda a superfície da terra" (Gn 11,4). Não querem disseminar-se em culturas distintas e sociedades diversas. No fundo, querem impor a uniformidade e sacrificar as diferenças sociais e individuais para realizar um projeto de fechamento, integralista e totalitarista. Conta o velho mito do livro do Gênesis que Deus decidiu confundir as línguas deles e dispersá-los por toda a terra (Gn 11,7-8). A efusão do Espírito Santo no dia de Pentecostes, como força vital e transformadora, se manifesta externamente dando uma nova capacidade de comunicação. Lucas não indica o conteúdo das palavras ditas pelos Apóstolos, mas nota que todos compreendiam o que eles falavam. Não se diz que todos falaram a mesma língua: os apóstolos falam a sua própria língua e os outros a entendem (vv. 7-8). O Espírito Santo não anula a diversidade das línguas, mas torna possível a comunicação e a comunhão na diversidade.

Com o dom do Espírito Santo, a comunidade cristã passa do silêncio para a palavra, do silêncio como fechamento e medo a um falar inteligível a todos. Doravante, aquela comunidade nascida no silêncio e do silêncio da morte de Jesus, mas agora revestida da palavra do Ressuscitado em forma de "línguas de fogo", tem a missão de anunciar a boa notícia a todos os seres humanos, tem a missão de falar no Espírito de Jesus Ressuscitado para ser compreendida em todas as línguas e em todas as nações.

Não podemos calar aquilo que vimos e ouvimos

Pedro e João, embora sejam ameaçados pelas autoridades judias de Jerusalém com a drástica proibição de "que de modo algum falassem ou ensinassem em nome de Jesus" (At 4,18), respondem com coragem: "Julgai vós mesmos se é justo diante de Deus obedecermos mais a vós do que a Deus. Não podemos deixar de falar o que vimos e ouvimos" (At 4,19-20).[14]

---

humana, como no caso da glossolalia (cf. 1Cor 12,10; 14,26-28). Na obra lucana, todavia, o Espírito Santo torna possível um falar inspirado, mas nunca estático ou ininteligível (Lc 1,41-42.67-68; At 4,8-9; 13,9-10). Também em At 2, falar em línguas é claramente um falar compreensível, como se deduz dos vv. 6.8.11 (cf. Rossé, G. *Atti degli Apostoli. Commento esegetico e teologico.* Roma: Città Nuova, 1998, p. 132).

[14] O texto lucano dos Atos lembra uma passagem do terceiro evangelho, que faz referência ao dia em que Jesus entrava em Jerusalém, aclamado pela multidão (Lc 19,38).

Lucas quer ressaltar que a vontade autêntica de Deus não se manifesta mais através do sinédrio judaico de Jerusalém, mas através do testemunho dos apóstolos de Jesus, que não podem manter em silêncio o evento da Palavra, que se realizou na vida, morte e ressurreição de Jesus de Nazaré. Os apóstolos, de fato, não se calam. Não obstante a proibição de "ensinar neste nome", *didaskein epi tō onomati toutō*, eles continuam a falar e são acusados de "ter enchido Jerusalém" com a sua doutrina. A resposta de Pedro é radical: "É preciso obedecer antes a Deus do que aos homens" (At 5,28-29). Agora o Nome não pode ser escondido no silêncio, mas anunciado como vida e salvação para todos os homens, porque "em nenhum outro há salvação, pois nenhum outro nome foi dado sob o céu pelo qual nós, homens e mulheres, possamos ser salvos" (At 4,12). A salvação obtida na invocação do nome de YHWH (Gl 3,5) se realiza na fé em Jesus, que recebeu de Deus o Nome acima de todo nome (Fl 2,9).

O próprio Jesus, pouco depois da fundação da Igreja de Corinto, se apresentará a Paulo numa visão para dizer-lhe: "Não tenhas medo, fala e não te cales" (At 18,9). Paulo, por sua vez, reassume o seu ministério em Éfeso com estas palavras: "Sabeis que não tenho ocultado coisa alguma que vos pudesse ser útil. Preguei e vos instruí publicamente e dentro de vossas casas" (At 20,20); "não deixei de vos anunciar plenamente o plano de Deus" (At 20,27). Paulo, de fato, se gaba por nunca ter fugido da tarefa do anúncio evangélico por interesses vis ou por medo: "Mas rejeitamos todo procedimento fingido e indigno. Não andamos com astúcia nem adulteramos a palavra de Deus, mas pela manifestação da verdade nos recomendamos à consciência de cada pessoa diante de Deus" (2Cor 4,2). Paulo proclamou a palavra de Deus sem parar, na sua pureza e verdade, agindo sempre com plena responsabilidade diante de Deus.

Segundo a recomendação de Jesus, a palavra do Evangelho não pode ser mantida no segredo e permanecer escondida no silêncio: "Dizei à luz do dia o que vos digno na escuridão, e proclamai de cima dos telhados o que vos digo ao pé do ouvido" (Mt 10,27; cf. Mc 4,22; Lc 8,17). Ela está

Naquela ocasião alguns fariseus pediram que Jesus fizesse os seus discípulos se calarem, e ele respondeu: "Eu vos digo, se eles se calarem, as pedras gritarão" (Lc 19,39-40). O dito de Jesus é provavelmente um provérbio popular, que lembra dois textos do profeta Habacuc: Hab 2,11: "A pedra do muro gritará", uma imagem que indica a condenação irrevogável de quem se enriqueceu com ganhos ilícitos; e Hab 2,19, que fala dos ídolos como "pedras mudas", incapazes radicalmente do ato da palavra.

destinada a resplandecer no mundo como anúncio de esperança e de salvação e como caminho alternativo de vida e de convivência humana. Essa palavra, nunca reduzida ao silêncio, tem o poder de fazer calar-se qualquer outra palavra que semeia mentira e violência no mundo e que é fonte de abatimento e de morte (Tt 1,1).

O discípulo de Jesus cumpre essa missão não com a força da violência ou da imposição religiosa, mas com uma vida iluminada pela mesma palavra: "Porque a vontade de Deus é que, pela prática do bem, *façais emudecer*[15] a ignorância dos insensatos. Procedei como pessoas livres, não usando a liberdade como cobertura para o mal, mas vivendo como servos de Deus" (1Pd 2,15-16). O discípulo de Jesus é, ao mesmo tempo, livre e servo de Deus. Esse é o fundamento da sua sabedoria. Por isso ele sabe falar e sabe calar-se. Cala-se para escutar e orar a Deus, e fala sem nunca evitar a tarefa de anunciar a verdade da Palavra. A palavra do cristão emerge do silêncio da escuta e da oração, para tornar-se um dizer com eficácia histórica, "boa-nova" de amor e de vida para todos.

---

[15] O verbo *phimoō*, "tapar a boca", "colocar uma mordaça", é o mesmo verbo que os evangelhos utilizam para indicar o silêncio que Jesus impõe às forças hostis da natureza (Mc 4,39), aos seus adversários que permanecem sem palavra diante da sua sabedoria (Mt 22,34) e aos espíritos imundos que expulsa dos homens (Mc 1,25; Lc 4,35).

destinada a resplandecer no mundo como anúncio de esperança e de salvação e como caminho alternativo de vida e de convivência humana. Essa palavra, nunca reduzida ao silêncio, tem o poder de fazer calar-se qualquer outra palavra que semeia mentira e violência no mundo e que é fonte de abatimento e de morte (Tt 1,1).

O discípulo de Jesus cumpre essa missão não com a força da violência ou da imposição religiosa, mas com uma vida iluminada pela mesma palavra: "Porque a vontade de Deus é que, pela prática do bem, *façais emudecer*[15] a ignorância dos insensatos. Procedei como pessoas livres, não usando a liberdade como cobertura para o mal, mas vivendo como servos de Deus" (1Pd 2,15-16). O discípulo de Jesus é, ao mesmo tempo, livre e servo de Deus. Esse é o fundamento da sua sabedoria. Por isso ele sabe falar e sabe calar-se. Cala-se para escutar e orar a Deus, e fala sem nunca evitar a tarefa de anunciar a verdade da Palavra. A palavra do cristão emerge do silêncio da escuta e da oração, para tornar-se um dizer com eficácia histórica, "boa-nova" de amor e de vida para todos.

---

[15] O verbo *phimoō*, "tapar a boca", "colocar uma mordaça", é o mesmo verbo que os evangelhos utilizam para indicar o silêncio que Jesus impõe às forças hostis da natureza (Mc 4,39), aos seus adversários que permanecem sem palavra diante da sua sabedoria (Mt 22,34) e aos espíritos imundos que expulsa dos homens (Mc 1,25; Lc 4,35).

SUMÁRIO

Prefácio 7
Introdução 15
O silêncio e a morte 21
    Não havia voz humana 22
    O *dûmâ* 22
    O silêncio do moinho 24
    O silêncio da música e dos cantos 26
    Duas cenas de silêncio e de morte 28
    O silêncio nos ritos fúnebres e de lamentação 29
Horizontes negativos do silêncio 33
    Não cumprimentar no caminho 34
    O silêncio que exclui o outro 34
    Não falar por ódio 36
    A impossibilidade de falar 39
    Fazer o outro calar-se 44
O silêncio: presença e comunhão 47
    O silêncio da escuta 47
    Jó ouvido à porta da cidade 48
    O silêncio prudente 52
    O silêncio da linguagem interior 56
    O silêncio da reflexão 57
O silêncio e o segredo 61
    Não revelar um segredo 61
    Dizer sem dizer 66
    Silêncio e aliança (Js 2,1-24) 67
    Quando é obrigatório não se calar 72

O silêncio diante do mistério 75
   A aceitação dos limites do próprio saber (Jó 13,1-19) 76
   A luta entre o silêncio e a palavra (Sl 39) 80
   Jó diante da resposta de Deus: um itinerário de silêncio (Jó 40,3-5; 42,1-6) 83
   Conclusão 91

Silêncio e oração 93
   Para ti o silêncio é louvor 93
   A oração de Ana 96
   A meditação bíblica: entre silêncio e palavra 99
   Ouvir Deus em silêncio 102
   Conclusão 103

O silêncio dos ídolos 105
   Elias e os profetas de Baal no monte Carmelo (1Rs 18,20-40) 106
   Os ídolos são "pedras mudas" (Hab 2,18-20) 112
   Conclusão 114

Deus é silêncio 117
   O "antes" da Palavra 117
   Uma voz de silêncio sutil (1Rs 19,9-18) 119
   Os céus narram a glória de Deus (Sl 19,2b-5) 127
   Conclusão 130

O silêncio de Deus: oração e profecia 133
   Ser surdo, ser mudo 134
   Estar longe, estar dormindo 135
   Esconder o rosto 136
   Conter-se 137
   Ezequiel: o profeta mudo 139
   Um orante diante do silêncio de Deus (Sl 28) 141
   Um profeta defronte ao silêncio de Deus (Hab 1–2) 144
   Conclusão 151

O silêncio de Deus: experiência trágica do fim 153
   Dilúvio e exílio 153
   O fim de Saul (1Sm 28,3-25) 155
   O fim dos juízes injustos e dos profetas mercenários (Mq 3,1-8) 160
   Conclusão 165

O silêncio se torna palavra 167
   Se rasgasses o céu e descesses 168
   Do céu se escuta a voz do Pai 170
   Jesus: palavra e silêncio 171
   Do silêncio da cruz ao silêncio do Espírito 172
   Morte e ressurreição da Palavra 173
   Não podemos calar aquilo que vimos e ouvimos 177

Impresso na gráfica da
Pia Sociedade Filhas de São Paulo
Via Raposo Tavares, km 19,145
05577-300 - São Paulo, SP - Brasil - 2012